从北京四中到北大清华

万春耕 / 主编

长江出版传媒 | 湖北教育出版社

（鄂）新登字02号

图书在版编目（CIP）数据

从北京四中到北大清华 / 万春耕主编. — 武汉：湖北教育出版社, 2015.4

（他山之石）

ISBN 978-7-5351-9594-4

Ⅰ. ①从… Ⅱ. ①万… Ⅲ. ①高中生 – 学习方法②高考 – 经验 Ⅳ. ①G632.46②G632.474

中国版本图书馆CIP数据核字（2014）第050083号

出版发行　湖北教育出版社
邮政编码　430015　　电　话　010-62949288
地　　址　武汉市青年路277号
网　　址　http://www.hbedup.com
经　　销　新华书店
印　　刷　艺通印刷（天津）有限公司
开　　本　710mm × 1000mm　1/16
印　　张　7.5
字　　数　120 千字
版　　次　2015年6月第1版
印　　次　2022年9月第3次印刷
书　　号　ISBN 978-7-5351-9594-4
定　　价　29.80元

如印刷、装订影响阅读，承印厂为你调换
010-62908869

重点中学学习方法揭秘：他们的学习为什么那么好？

人大附中、北京四中和黄冈中学是全国最为知名的三所重点高中，每年高考的成绩都在全国遥遥领先。超高的升学率、状元的高产以及学生考入国内外名校的惊人数量，都让这三所学校令人惊叹和向往。在很多家长看来，如果自己的孩子能够进入这三所学校学习，就等于买到了一份迈入名牌大学的保险。

很多人把这些现象称作神话或奇迹。其实，这些学校的大多数孩子都是普通人，在天赋和智商方面也并不比其他学校的孩子高出多少。那么，他们的学习为什么那么好？他们到底是怎样学习的？他们的秘诀是什么呢？

细节决定命运，方法决定成败。优秀学生一定有他们与众不同的科学方法和学习思维。本书作者万春耕是一位长期担任毕业班班主任的资深老师，在他看来，这三所学校的与众不同之处应该就在学习模式、学习方法上。因此，万老师在多位一线教师的帮助下，全面搜集了历年来从这三所学校考入北京大学和清华大学的优秀学生的学习经验，并进行了系统性的总结，提炼成一些可以依循的实用学习方法，汇编成了本套丛书。这些方法无不经过实践的检验，相信广大中学生一定能从中获益良多。

《学习，赢在方法：从北京四中到北大清华》：北京四中老校长刘长铭在评价自己学校的学生时，说：“许多学生都认为在北京四中学习，有两项能力格外重要：一是自我激励的能力，二是做出适当选择的能力。将这两种能力归并于一体，其实就是人的自我管理能力。”也就是说，在北京四中，优秀学生们都掌握了自主学习的能力，对于学习这件事，完全是自动自发的。我为什么要学习？我为谁读书？当大家能够自我激励、自我选择、自我管理的时候，成绩的提高就是水到渠成的事了。

《学习，赢在细节：从人大附中到北大清华》：对于青少年来说，高中阶段是一个至关重要的阶段。人大附中名誉校长刘彭芝曾经说：“高中阶段就像一个人的腰，腰间无力，今后干什么都不行；又像足球的中场，中场不好，进攻和防守都成问题。”高中三年是孩子们身心快速成长的时期，每一个细节都值得斟酌推敲。在学习中如何掌握高效的方法、养成坚韧的品性、培养良好的习惯，这些都将决定孩子的未来以及人生的高度。

《学习，赢在效率：从黄冈中学到北大清华》：在黄冈中学的众多优秀毕业生那里，我们可以反复听到“效率”这个词语。黄冈中学以考题出名，常用的“题海+考海”战术，经常让大家误解。高分考入清华大学的夏浩同学在谈到自己的学习方法时，强调的不是做题，而是效率第一。他说：“永远不强迫自己去学习，永远不在没有效率的时候学习。我的高效率是同学们一致公认的，所以别看我平时玩得多，但我做的题目、掌握的知识绝对不会比别人少。”

这个世界上没有不适合学习的人，只是很多同学在学习过程中没有找到适合自己的学习方法和模式。我们相信，优等生的成功之路，你也可以复制！

contents

目录

第一章

合理掌控学习时间——培养自主学习能力

第二章

参加学科兴趣小组——轻松提升各科成绩

第三章

关注每一个学习细节——快速提高学习成绩

第四章

全面完善学习习惯——稳步提高学习效率

第五章

有效改善学习技能——让你的学习事半功倍

第六章

充分掌握应试技巧——轻松在考试中获取高分

[第一章]

合理掌控学习时间

培养自主学习能力

研究北京四中的教学模式发现，自学是解决学习问题的重要方法。在北京四中，优等生们不上辅导班、不请家教，学校特别提倡学生养成自学能力。其实，有经验的老师和优等生们都有一个共识：“时间并不重要，重要的是效率。”尤其在中学阶段，只有高效利用时间，才能取得事半功倍的学习效果。

01 每天早起10分钟

老人们都常念叨一句谚语“早起三光，迟起三慌”。意思是说，起得早，事情就能办周详些，办事效率高，光光彩彩，故曰“三光”；起得晚，时间不够用，办事自然马虎些，效率自然低，每天慌慌张张，故曰“三慌”。这句谚语的意义旨在提醒人们每天早上起床要早一些。

星光大道

傅明鉴 | 保送清华大学

曾获得全国青少年信息学奥林匹克联赛（省级赛区）一等奖，北京市第22届高中英语竞赛二等奖

榜样之谈

在高二时，班主任告诉我们一句话：“播下一个行动，收获一种习惯；播下一种习惯，收获一个成绩；播下一个成绩，收获一所大学。”意思是说，我们现在的行动直接关乎以后上什么大学。后来，我就在自己的桌上刻下了这句话，时刻警示自己。我给自己定下的第一个目标就是——每天早起10分钟。

高效学法

那么，早起的10分钟究竟用来做什么呢？洗洗刷刷？或者收拾课桌？抑或锻炼身体？傅明鉴同学的做法很奇特，他每天用这短短的10分钟做个简单的预习。

第一步，认真通读教材，边读边思考，找出重点、难点、疑点，并适当做笔记或批注。

第二步，利用工具书、参考书扫除障碍。

第三步，对不懂的问题进行分析，如果是由于旧知识被遗忘了或存在知识缺陷造成的要及时补救。对经过努力还不懂的问题记下来，等上课时听老师讲解。

第四步，读完教材后合上书本，围绕预习任务思考一下，教材讲了哪些内容，主要的思路是什么，哪些是新知识，与新知识有关的旧知识是什么，还有那些问题不理解，等等。

第五步，如果时间允许的话，还可以试做一些练习题检查一下预习效果。

无独有偶，香港前首富李嘉诚就是“早起三光”的行动者：他把自己的表拨快10分钟。其目的就是让“错误的时间”告诉自己一个正确的信息：快点，要来不及了。从而，督促自己勤奋、努力！

02 课堂上的“四个超前”

我们都知道，课前预习是学习的重要环节，预先看看课本，把不懂的地方画出来，可以帮助我们扫除课堂学习的知识障碍，提高听课效率。而这里讲的“超前”，则是利用空余时间自己去弄懂不懂的地方。

星光大道

王子畅 | 考入北京大学经济学院

曾荣获物理竞赛二等奖

榜样之谈

高中三年我从没熬过夜，最晚入睡时间是11点。高三时，我还和几个好友成立了一个小组，唱歌、游泳、打球、散步，在临近高考的日子里我也没有放弃过。同学们可不要觉得我是在吹牛，其实我想告诉你们的是：效率有多重要。而哪里的效率最重要呢？答曰“课堂”。一天24小时，除去睡觉、吃饭、运动等，我们约有10个小时的学习时间，而在课堂上就有7个小时。所以，我力争在课堂上做到“四个超前”，尽量在课堂上把知识消化掉，减轻课下负担。

高效学法

王子畅同学提出的“课堂上的四个超前”具体指的是什么呢?

1. 超前想

老师提出课题后，自己要尽量超在老师讲解之前，想出思路和答案。

2. 超前做

老师写出例题后，自己要尽量超在老师讲解之前，发现思路，甚至做出结果。

3. 超前总结

老师做完解答后，自己要尽量超在老师讲解之前，对解答过程进行反思、概括和总结。

4. 超前提问题

老师做出总结后，自己要尽量超在老师讲解之前，发现问题，提出问题，研究问题。

不难看出，王子畅同学总结的“四个超前”，不仅完美地解决了被动听讲的局面，而且增强了自己独立思考和自主解决问题的意识，同时，做到“四个超前”，还能及时与老师的讲解和同学们的讨论、交流进行对比，从而找出差距，使自己的学习更有针对性。

03 善用零散的时间

很多同学往往认为零散的时间没有什么用处，其实这些时间看似很少，但集腋成裘、聚沙成塔，几分钟、十几分钟的时间，经过日积月累，汇合在一起就大有可为了。走进四中的食堂，你会惊讶地发现：里面竟不是闹哄哄的吆喝声。大家默默地排着队打完饭后，都安静地坐在一个无人的位置，静静地吃饭，而食堂中最吵闹的声音莫过于那“哗哗”的翻书声。

星光大道

丁艺莎 | 考入香港大学

榜样之谈

丁艺莎的老师表示，丁艺莎的自控能力非常强，她的学习计划可谓井井有条：每天都安排好自己的时间，哪怕是吃饭时间、课间15分钟、午休时间等一些很少的时间她都能充分地利用。并且，在这些小时间的学习上，她也能把注意力全部集中在学习上，绝不浪费。

高效学法

在利用时间方面，苏联历史学家雷巴柯夫曾这样说：“时间是个常数，但对勤奋者来说，是个‘变数’。用‘分’来计算时间的人比用‘小时’来计算时间的人时间多59倍。”可见，丁艺莎同学在时间利用上正好是个勤奋者，因此，她的学习效果比别人能多出59倍，甚至更多。

下面，我们来看看丁艺莎的高效学习方法——用“分”计算时间。

1. 统计自己的时间

丁艺莎说：“在日常学习中，每天都有很多空闲的时间。有一天，我就把自己闲下来的时间记录下来，经过统计，我发现这些闲下来的时间竟然也有好几个小时。比如：早上坐车30分钟、晨跑15分钟、课间10分钟、课上老师强调纪律的3分钟、午休40分钟、放学回家路上30分钟，等等。这些时间攒在一起竟然多得吓人。”

2. 3分钟的清单

在每天开始学习前，先花3分钟在纸上做一份清单，列出自己要做的事情以及每件事情需要花费的时间，并排出完成每件事情的先后顺序。例如：（1）刷牙的3分钟，（2）记忆五个英语单词，（3）看电视30分钟。

著名数学家华罗庚曾说过：“时间是由分秒积成的，善于利用零星时间的人，才会取得更好的成绩。”的确，如果我们每天用“零布头”时间读几页文章，哪怕只坚持读一页，一年就是365页。但是如果你每天落后别人半步，一年后就是183步啊！

04 合理分配考试时间

考试时，我们的拿分原则是：能得分者，绝不允许失分；能得满分者，绝不少得分。由于高考试卷中各类题型基本上是固定的，所以我们可以通过科学地规划考试时间来实现这一目的。

星光大道

任强 | 考入北京大学

榜样之谈

2011年春，任强被保送进北京大学，因专业原因选择放弃保送，在2011年高考中再次考入北京大学。任强说："我之所以敢放弃保送，是因为我在考场中有一套独门方法可以帮助自己再次成功考入北大。在考试中，我习惯把一套卷子分为几个部分，再分阶段地完成这些部分，每一个部分必须在一定的时间范围内写完。"

高效学法

科学合理地分配答题时间，是临场发挥的重要因素。在分配答题时间时，我们要通盘考虑试卷的题目类型、数量、难度值等客观因素，并根据这些因素来确定答题时间。下面我们来看看任强同学是如何分配考试时间的。

科目	分阶段	时间段	内容划分
语文	第一阶段	1-35分钟	1. 基础知识 2. 文言文阅读（含延伸）
	第二阶段	35-100分钟	3. 诗歌 4. 科技文 5. 现代文（含延伸）
	第三阶段	100-150分钟	6. 作文
数学	第一阶段	1-30（40）分钟	1-14题（选填题）
	第二阶段	30（40）-65（75）分钟	15、16、17题
	第三阶段	65（75）-120分钟	18、19、20题
英语	第一阶段	1-20分钟	听力理解
	第二阶段	20-80（90）分钟	单选、完型、阅读（含七选五）
	第三阶段	80（90）-120分钟	两篇作文
理综	第一阶段	1-30（40）分钟	选择题
	第二阶段	30（40）-90分钟	物理解答题
	第三阶段	90-130分钟	化学解答题
	第四阶段	130-150分钟	生物解答题

当然，每个人都有自己分配考试时间的习惯，我们可以按照自己的学习情况给自己制订一个考试时间规划表。但分配考试答题时间的基本原则是：易题和少分题少花时间，难题和多分题多花时间，使自己在该得分的地方有充足的时间解答。

05 随时随地学习英语

学英语，就在于记忆的词汇量大。别的功课，如语文、数学，记多记少，或许一时还显现不出差别来，而英语则不一样，多记一个单词，你就比别人强一分。在我们的日常生活中，随处可见大量的英语单词，平时逛街散步只要稍加留意，收获就会很大。所以，我们要随时随地学习英语，下功夫记大量的单词。

星光大道

张思益 | 毕业于北京四中

曾荣获全国高中数学联赛一等奖，全国高中生英语口语竞赛一等奖

榜样之谈

张思益同学的英语基础知识扎实，尤其擅长听力与口语。在2009年全国高中生英语口语竞赛中，他靠着扎实的语言知识、文化知识和一口流利的英语，凭借自己的实力，临场发挥自如，取得了优异的成绩：一等奖。

高效学法

在英语学习方面，张思益同学有一套独特的学习方法：把学习英语看作是随时随地的事。比如，走在街头时，注意观察一些英文招牌等，留意其中不懂的词，回去记下；平时多接触到英文音乐、电影、书籍，摘录其中的经典词句；等等。下面我们来看看他具体是怎么做的。

1. 看牌匾

不少公司、企业的牌匾都是用中英两种文字书写的。比如，最常见的中国四大银行：中国银行（Bank of China）、中国农业银行（Agricultural Bank of China）、中国建设银行（China Construction Bank）、中国工商银行（Industrial and Commercial Bank of China）。另外，还有交通银行（Bank of Communications）、招商银行（China Merchants Bank）等。观察这些牌匾能让我们发现，不少学过的单词其实一直就在身边。

2. 观名车

大街上各种车辆川流不息，不知你仔细看过它们的品牌没有，其中不少都是英文单词。比如，日本丰田旗下的corolla（n. 花冠）和crown（n. 皇冠），本田的accord（v. /n. 一致）；韩国现代的sonata（n. 奏鸣曲）和refine（v. 精炼，精制）；还有铃木的swift（adj. 迅速的）系列、大众的golf（n. 高尔夫）系列、菲亚特fiat（n. 命令）；等等。记下这些单词，回家查查它们的意思，你会发现它们的中文译名和在英文里的意思并不完全一样，其中别有一番乐趣。喜欢名车的同学们不仅开拓了眼界，同时也增加了英语词汇量，可谓一举两得。

3. 逛超市

超市里可学的单词更是举不胜举。比如，洗发水飘柔rejoice（v. 使高兴）、面巾纸清风breeze（n. 微风）。通常，在面巾纸的外包装上，大都可以看到handkerchief（n. 手帕，纸巾），在大多数饮料瓶上则大都印有nutrition（营养）、energy（热量）、protein（蛋白质）、carbohydrate（碳水化合物）、calorie（卡路里）等单词，超市里的商品可谓琳琅满目，只要用心观察，一些常用的英语词汇随处可见。

这些都是我们在生活中经常用到的词汇，大家不妨携带一个小本随时记录下来，然后回去查单词的意思和发音。长期下来，通过这种方式就能积累不少词汇，这样很多单词和句型就深深刻入了脑子中，用的时候也很容易脱口而出。

06 量身定做一份时间表

古人云："凡事预则立，不预则废。"一个行之有效的学习计划，是同学们提高学习成绩的关键，也是高考状元学习方法中的一个秘诀。但是，每个同学的学习目标不一样，知识盲点也有所不同，所以也不能照搬别人的计划与安排。只有适合自己的学习计划，才能收获到最佳的学习效果。因此，同学们应该根据自己的学习特点和习惯，量身定做一份适合自己的学习计划表。

星光大道

叶郁芊 | 考入北京大学

榜样之谈

在学习时间安排上，四中有着非常特别之处。很多老师都不留作业，或者象征性地留一下，比如只要求在作业本上写一道题，或者要求读课文查字音等。通常在下节课上课前就能搞定，仿佛又回到了小学时代。因此，刚进四中的头一个月，我确实觉得课业负担一下子轻松了许多。可是，周围的同学都很自觉，完成作业后就拿起课本读一些参考书。于是，我不得不好好地安排自己的学习时间，以免自己“被落下”。从那时起，我就养成了制订学习计划的好习惯。我能考取北京大学也是得益于此的。

高效学法

下面是一张叶郁芊同学的高三寒假计划表，同学们能从中学到什么吗？

	8：00–9：45	10：00–11：45	14：00–15：45	16：00–17：45	19：00–20：45
1~19日	语文：背诵《赤壁赋》，复习1~50的字词，成语积累15个，摘录素材积累1篇	数学：函数预备知识	历史：夏、商、西周的政治制度	地理：自然地理——宇宙环境	政治专题：农业1
1~20日	语文：背诵《六国论》，其余同上	数学：函数基本理论	历史：秦朝中央集权制度的形成	地理：自然地理——大气圈1~3课	政治专题——农业2
1~21日	……	……	……	……	……

看完上面的这个表，你是不是发现了什么呢？原来，一个小小的表中竟然透露出以下几个信息：

1．每天相同的时间段科目的安排是相同的；

2．文理科的学习是分开的，但又是相互交叉的；

3．每段学习之间都有一定的休息时间。

另外，还有一个值得注意的细节是：每次开始一天的学习计划时，要先给自己5分钟，想想昨天同一天时间自己做了什么，有没有什么需要注意的。

一项好的学习计划，可以促使我们按照既定目标去奋斗，不荒废时间，最大限度地发挥自己的潜能。同时，学习计划执行到结束或执行一个阶段后，就应当检查一下效果如何。如果效果不好，就要找原因，进行必要的调整。检查内容是：是不是基本按计划去做，计划任务是否完成，学习效果如何，没完成计划的原因是什么，什么地方安排太紧，哪些环节安排轻松，等等。通过检查后，再修订计划，改变不科学、不合理的地方。

07 计划让学习更有效率

“效率低下，花了时间却不见学习效果。”这是大多数学生在学习中的一个“老大难”问题，也是最令家长和老师感到困惑的问题。很多学生的确把大量时间花在学习上，但学习效果却不佳，似乎学习的努力程度与学习效果并不成正比。事实上，真正影响学习效率的并不是学习时间的长短，这些学生缺少的是针对长、中、短期学习的周密计划，缺乏的是对学习时间的精细管理，甚至是因为不善于劳逸结合而导致的效率低下。

星光大道

梁倩 | 考入北京大学

作为中国队代表参加第七届国际顾拜旦青年论坛，代表四中参加第二届全国青少年文化遗产知识大赛

榜样之谈

我高考成功的秘籍是很早就给自己做好了规划，包括学习规划、下一阶段的目标规划和将来的人生发展规划。每年、每学期、每月，甚至每一

天，我都制订了计划。我将要做的每件事以及具体的时间都写在随身携带的小记事本上。每年的期中、期末复习，特别是到了高三，更显示出了计划的重要性。因为距高考越来越近，没有计划便要方寸大乱了。我想，这便是我在2011年高考中能成为北京市高考文科状元的一个重要因素。

高效学法

那么，梁倩同学所说的订计划，要怎么定才是最好的呢？

一、先制订一个长期计划

长期计划的首要任务是，安排各学科的主要复习时间块。像数学、物理、化学等重在推理的学科，理解性胜于记忆性，一般来说应该安排在复习的前中期；像语文、历史等以思想和概念为主的学科，则要安排在复习后中期，因为这些学科重在记忆，所以要留出充分的时间去背诵。

长期计划的第二个任务是，找出自己知识体系中的薄弱环节，然后进行重点突破。重点突破时一定要稳扎稳打，每一个时间段最好只设一个重点，待一个重点解决后，再进入下一个重点。

二、再制订一个短期计划

长期计划必须通过一个个短期计划来完成。短期计划一般以“周”为单位。

制订短期计划时，有两点要特别加以注意：

1．不要凭个人喜好安排复习时间。有些同学在复习时会花大量的时间复习自己喜欢或擅长的学科，对自己不感兴趣或薄弱的学科则置之不理，这样的做法是不可取的。制订计划时一定要合理分配各学科的复习时间，这样才能综合全面地提高成绩。

2. 要根据实际情况来制订计划，换句话说，就是不要把时间安排得太满，不要把单位时间内的复习任务安排得太多，要有张有弛，不然就会被无法完成的计划压垮，而这种受挫感会严重地影响自己的信心。

短期计划设定后，可以专门准备一个小本子，每天晚上把第二天的计划安排好；每周末将下一周的计划安排好。每完成一项计划就在小本上将它划去。这样做可以让你直观地看到计划的完成效果和情况，成就感和信心自然就提高了。

总之，在高中阶段，培养和提高自己的计划能力，制订一份适合自己的学习计划，能够避免学习的盲目性，使学习进入一个有条理的良性循环之中，从而提高学习效率。

[第二章]

参加学科兴趣小组

轻松提升各科成绩

北京四中各科目都有兴趣小组，同学们可以选择一个小组强化自己的优势科目，也可以选择一个小组补足自己的弱势科目，还可以自行选择按小组上课。在小组课上，每一位同学都能学会自己设计、组织、评价自己的学习内容，更好地完善自己的学习。

08 作文得高分的秘诀

在高考中，作文成绩是至关重要的。但是，很多学生惧怕写作文，不知道如何写出好作文。常常听有些学生说："我就怕作文，一提笔就头疼，总觉得没东西可写。"有的干脆说："我真不知道该写什么，从何写起。"有的学生，作文刚开个头，敷衍几句，就草草收场，内容空泛笼统，不知所云。那么，如何写出让老师"眼前一亮"的作文，在高考中获得高分呢？

星光大道

吴昕悦 | 北京四中文学社社长

曾荣获北京市首届中学校园文学交流会一等奖

榜样之谈

北京市首届中学校园文学交流会在承办方北京四中举行。吴昕悦在初赛中便脱颖而出，最终顺利挺进决赛，评委会的老师都对她的文章给予极高的评价。不要以为这是巧合，吴昕悦的班主任说，吴昕悦在学校里不仅有"校园小作家"的光荣称号，还是北京四中文学社的社长呢！

高效学法

吴昕悦是如何写好作文的呢？她说，在写作的时候喜欢创新，自己喜欢采用新点子给文章增加亮点。

具体来说，同学们可以这样做：

1. 误会法

所谓“误会法”，就是在叙事的过程中，先故意使人理解错误，然后随着故事情节的步步推进，慢慢将谜底展开，给人以恍然大悟、豁然开朗的感觉。比如安徒生的童话名作《丑小鸭》，小天鹅误生在养鸭场里，于是，被大家误认为是一只“丑小鸭”，以致它命运多舛，一直被大家看不起，最后“丑小鸭”经历重重磨难，变成了一只美丽的白天鹅。误会法形成了波澜起伏的故事情节，激起了读者对“丑小鸭”命运的同情和关注。

2. 巧合法

要想引人入胜，设置巧合是一种常用的写作技法。比如，欧·亨利的小说《麦琪的礼物》便是个典范：妻子德拉正巧卖掉自己的美发买回丈夫心爱的金表上需要的表链，丈夫杰姆正巧卖掉金表而买回妻子喜欢的一套梳子。这种巧合巧得新奇，又巧得令人拍手叫好。

3. 悬念法

悬念法可以带给人“山重水复疑无路，柳暗花明又一村”的感觉。比如，某同学在《那件事是谁干的》一文中这样写道：“放学回家后，我推开门，看到满屋狼藉，瞬间惊呆了，这到底是谁干的！”当读到这里时，你是不是很想一探究竟呢？之后就可以和作者一起来寻找谜底了。

可见，都说作文不容易得高分，其实是我们没有掌握有效的方法。

09 把英语作为一门语言来学

英语是一种语言，不是记住了单词、词组、句型和语法项目就是把它学好了，关键在于使用语言，所以学习英语一定要听、说、读、写、译全面发展。只有真正把英语当作一门语言而不是一种知识来学习，我们才能做到脱口而出。在北京四中每周五晚的英语角中，“洋面孔”越来越多，不仅有欧美学生，韩日学生也不在少数。他们和中国学生用中英双语进行热烈的讨论，不时还能听到“洋学生”为中国学生纠正英语发音。

星光大道

郑旭晖 | 考入北京大学生命科学院

榜样之谈

郑旭晖曾担任高三（3）班英语课代表，是北京四中最大英语角的主要成员之一。她多次在考试中获得英语作文满分的骄人成绩，获得过北京四中英语口语演讲比赛的第一名、全国高中英语能力竞赛一等奖、新加坡英语挑战赛优胜奖等。郑旭晖取得英语的好成绩，听起来好像很容易，但她的话却令人出乎意料。她说："以前，我很自卑，觉得自己永远都学不好英语，整日畏畏缩缩地逃避着英语，直到有一天，我被好朋友拉进了四中英语角，我的英语成绩就逐渐地提高了。英语角是我战胜自己的开始。"

高效学法

那么，北京四中的英语角有什么独特的魅力，能让郑旭晖同学这样夸赞呢？原来，在英语角中有一些必须参加和必须完成的任务。例如：在一段时间内读一些英文书籍，有能力的同学最好读一本原版小说。读书并不只是提高单词量，更主要的是培养语感。有了语感，做题、阅读、写作，都能感觉自己已经融入其中。因此，要想完成这样的任务，参与者就是要把英文书籍读三遍。其具体方法如下：

第一遍，记忆。不借助任何工具，凭借着自己的语感和直觉，大致把文章内容记下来，至少要大概知道文章在讲什么。

第二遍，理解。把自己不会的单词查一遍，不会的句子多读一遍，直到理解，这样就能知道文章到底在讲什么了，但是生词的记忆还需要额外下功夫。

第三遍，赏析。首先，分析一下这篇文章为什么好，有没有什么精彩的论断和句子；然后，想想自己在什么时候也可以用到这样的句子。这样就可以加深印象，使理解更加深刻。

由此可以看出，读原版英文小说对我们学习英语的帮助是非常大的，而且这又是一种很不错的放松方式。当学习累了，或是在闲暇时，都可以选择读一本原版的英语小说来放松自己，英语能力在不知不觉中就得到了提升。

10 学习历史要善于归纳总结

中学历史教材内容庞杂，同学们掌握起来比较困难。通过归纳总结，可以提炼教材中的有效信息，帮助同学们从错综复杂的历史事实中，认识历史纵向的发展规律和横向的普遍联系，在记忆的基础上将这些知识点融会贯通，联系成一个整体，从而让自己更快、更全面地掌握书本知识。

星光大道

黄增好 | 考入香港科技大学商学院

榜样之谈

作为历史小组成绩最优秀的学生，黄增好同学说："学好历史的前提和基础是掌握好史实，要将史实记得全面和准确，切不可张冠李戴。而这需要很好的记忆力。面对历史课本上大段的文字，很多同学都在困惑究竟应该怎样记。我认为，在记忆课文的过程中，最基本的方法就是将每个历史事件的发生时间、地点、人物、经过、结果、意义或影响提炼出来，然后记住，考试内容不外乎就是这几个方面。同时，还要善于归纳总结。"

高效学法

那么，黄增好同学在归纳总结历史方面有什么诀窍呢？具体来说，有以下三种方法：

1. 按历史时期总结

比如，我们所学习的历史课本是将同一朝代的政治、经济、文化状况分为三本书来讲述的，复习的时候要将这三方面合并在一起，一同复习，因为一个朝代的经济、政治、文化状况是相互影响的。

2. 分专题总结

比如，将中国古代农业发展分为农具、作物、耕作方式、技术、水利、政策等小专题进行总结。又比如，总结中国近代铁路发展时，将时间、人物、意义都提炼出来进行表格式总结。

以中国近代铁路发展为例，我们可以归纳出下表：

时间	事件	人物	意义
19世纪70年代	淞沪铁路	外国商人	中国的第一条铁路
19世纪80年代初	唐胥铁路	清政府	中国自建的第一条铁路
辛亥革命前夕	多条铁路		奠定中国近代铁路网基本格局
新中国成立后	宝成、兰新		加强内地与西北、西南的沟通
20世纪90年代	加快铁路建设		中国的铁路运营里程已跃居亚洲第一位，世界第四位
2006年	青藏铁路通车		促进西藏旅游业、商业繁荣

3. 用比较法总结

比如，将美国、法国、德国、日本的政体列在一个表格里总结，或是孙中山、凯末尔、甘地一起总结。

以亚洲觉醒的先驱为例，我们可以归纳出下表：

人物	称号	主要思想	主要贡献
孙中山	中华民国国父	三民主义 新三民主义	①创建政党 ②领导资产阶级革命，推翻清政府，引发了20世纪中国社会的第一次历史巨变 ③领导实现国共第一次合作及国民革命运动
甘地	现代印度国父	非暴力不合作	①领导非暴力不合作运动 ②促进印度民族团结 ③促进印度民族独立进程
凯末尔	土耳其国父	民族主义 共和主义 世俗主义	①领导民族革命，创建政党 ②实现民族独立，成立共和国 ③对土耳其社会进行全面改造

归纳总结法可以培养我们的动手实践能力、归纳概括能力和创新能力，它能使散见于教材中的历史知识更加系统化，易于掌握，不易混淆，有利于培养我们形成清楚、完整的历史概念，从而提高历史素质和学习水平。

11 做好“买卖”学物理

运用课本知识解决生活实际问题，能实现课本与生活的紧密结合，同时也能帮助同学们学会用书本知识的眼光观察生活，从而不断体验知识的价值与魅力。那么，反过来，生活实际问题能否解决课本知识呢？

星光大道

罗琪 | 考入清华大学

高一时获得北京市物理竞赛一等奖，高二时获得应用物理竞赛预赛决赛一等奖，并连续三年被评为北京四中在校“三好学生”

榜样之谈

从上高中起，我就特别钟爱物理。但是，我总是抓不住学习物理的窍门，空有一颗热爱物理的心，却没有好的成绩。我家在北京市的一个街道口开了一家小超市，母亲繁忙之际总是让我给她做账，本子每一页的眉头上基本都写着“进货”“盘货”“退货”什么的。一天，我又看账本的时候，不由心中一动：唉，对货物要进行进货、退货等方面的记录，那么我的物理习题是不是也应该如此严查呢？通过琢磨这个思路，我还真找出了一套适合自己的习题管理法，同学们不妨也学学吧！

高效学法

罗琪同学从自家超市日常经营中的“进货”“盘货”“退货”，总结出管理物理习题的方法，听起来真的十分新颖、有趣，那么，这个管理方法究竟该怎么操作呢？它的特点又是什么呢？

1. “进货”需登记

每天都要记录做了什么题目。例如：

①物理课后习题××册××页习题10道；

②课堂上考试卷子，计22道：第一题、第四题、第八题……

③《高中物理习题精选》第××页18道；

……

2. 定期“盘货”

学完某一部分（或以每周、每月为限），对做过的习题进行“盘点”。实际上就是对每天“进货”进行的简单相加，并进行简单的总结。例如，学完力学后：

①计做课本习题××道；

②考卷上的题××道；

③教辅书上习题××道；

……

当然，还可以在此基础上，进行简单的总结，如在这些题中可以按题型分，选择题若干道、计算题若干道等。

3. 缺损要“退货”，继而“添货”

何谓“缺损”呢？它有两层意思：（1）客观上的。如题目出得不好，做了也浪费时间，不做也罢，即可视为“退货”。（2）主观的。如题目不会做，或做错了，等于把学过的知识又还给老师了，则也可视为“退货”。把这些题目也应记录下来，看看都有哪些题目属于此种“退货”。由此，就引出了“添货”，即在某方面有“退货”，就应相应“添货”，再找些题来做。

所谓买卖，就是有买有卖，有卖还得有买。因此，我们在处理习题的时候也可采用“买卖”的方法，自己哪里缺货，就及时补货，这样就不至于经常缺货而陷入严重亏损的地步了。

12 快速记单词的三步法

掌握足够的单词对英语学习至关重要。因此，大家要想学好英语，就要背大量的单词。可是，对于很多同学来说，最头疼的莫过于背单词。那么，如何才能快速地牢记大量英语单词呢？

星光大道

张仪萱 | 毕业于北京四中

第八届国际顾拜旦青年论坛交舞会总负责人及英文主持，两届国际英语文化夏令营的英文助教，曾录制北京英语广播调频774节目，在北京四中模拟联合国中锻炼自己并参与编写《地球村游戏》一书

榜样之谈

高二时，听说高三复习时老师会要求把有3500个单词的词汇书从头开始背一遍，为了不让单词拖后腿，从高二开始我就借了高中全部的英语书，开始着手背诵英语单词，我还根据自己的经验总结了“快速记单词三步法”。到了高二下学期，我觉得我的英语感觉就变了，试卷也没那么难了。我想，我现在的英语成绩跟当初背诵英语单词是分不开的。

高效学法

在中学阶段，老师一般都会要求大家至少记牢3500个单词。为了尽可能多地记单词，张仪萱总结出了快速记单词的三步法。

第一步，掌握记忆步骤

首先，对照音标读准单词，直到离开音标也能准确流利地读出来。

其次，看着单词记它们的汉语意思。

然后，单词的意思记下来后，再进行下一步——看着汉语说出相对应的英语单词。

最后，以上三个步骤做好后，可以进行拼写单词。经过前三个过程，我们已经对这个生单词照过很多次面，不会对它的拼写很生疏，再加上一些发音知识，就会比较省力地记下单词的拼写。

第二步，善于发现错误的记忆方式

记忆时，总会遇到这类单词：似乎是记下来了，但有时别人一打扰，自己立即会疑虑起来，感到有点吃不准。如：“烤鸭”是roast duck，还是toast duck。字典是一位知识渊博、百问不厌的老师，遇到这种情况要勤查字典。在字典上就能找到正确答案：roast和toast都有“烧”“烤”之意。但在做“烧”“烤”之意时，toast仅指烤面包、烤三明治。而后，把区别记在本子上，相信下次再遇到“烤鸭”时就能准确记起roast duck。

第三步，联系上下文记词意

记下一个单词的发音、拼写、词义，并不一定真正掌握了这个词，因为英语中有许多词是一词多义、一词多性或一词多音等，因此，要真正掌握或判断其词义、词性等，还要依据句意，联系上下文来完成。如：①We drove to the airport the next morning to pick up（接载；取走）Susan.

②The police picked him up (逮捕；拘捕) within the hour.

在运用“三步法”记英语单词时，最好按照这三个步骤的顺序进行，不要随便打乱顺序或削减步骤，否则会影响记忆的效果。

13 “五字诀”攻克文言文

在历年高考语文试卷中，文言文所占的分值比例都很大。可是，很多同学往往对文言文感觉很头疼。其实，只要掌握了正确的方法，学习起来就不会感觉特别吃力了。

星光大道

张北辰 | 保送清华大学

曾获得全国物理竞赛省级赛区一等奖

榜样之谈

张北辰以低分考入北京四中。高一，张北辰以普通同学的身份就读于北京四中；高二，他开始参加语言俱乐部，在语文方面开始崭露头角；高三毕业时，他以差2分就满分的成绩摘得语文单科状元。

在古汉语方面，特别是文言文翻译，张北辰有一套自己的见解。他说：“将文言文翻译成现代汉语，通常讲究信、达、雅。所谓信，指的是忠实于原文。原文讲的是什么意思，译成现代汉语后应能如实传达出原文的意思，不能增减、更不能曲解。所谓达，指的是译成的话要符合现代汉语的规范，要文通字顺。至于雅，指的则是译成的现代汉语具有较高的表达水平，不但能忠实于原文，还能把原文的意蕴较好地传达出来，文笔流畅优美。”

那么，怎么翻译文言文才能达到“信、达、雅”呢？北京四中另外一位优秀生陈光同学总结的“五字诀”，就很有实用价值。

1. 留

即保留古今相同的词和专有名词，如人名、地名、朝代名、国名、官职、年号、某些典章制度名称以及物品名称等，这些不必翻译。

2. 删

删去一些只起语法作用，没有实际意义的虚词；无法对其用现代汉语进行翻译，删后又不影响句子的准确通顺的，亦可删去。

3. 增

把文言文的单音词译成现代汉语的双音词；文言文中省略的成分，在翻译时应增补出来。

4. 调

将古今汉语不同的语序，按现代汉语的语言规范调整。比如，“有一言而可以终身行之者乎？”是一个定语后置句，翻译时就要把定语“可以终身行”调到中心词“一言”之前。再如，“句读之不知，惑之不解”是两个宾语前置句，应按“不知句读，不解惑”来翻译。

5. 变

就是变通，在忠实于原文的基础上，活译有关文字。比如，“波澜不惊”，可译为“（湖面）风平浪静”。

此外，为了确保译文的准确性，翻译时，还要根据上下文语境，以及出处、标题、注解等信息，进行推断和印证；译完后，要将译文与原文仔细核对，以免出错。

14 图表图例学化学

对于很多同学来说，记忆化学零散的知识是一个大难题。那么，有没有好的方法可以帮助我们轻松记忆呢？

星光大道

朱一青 | 考入清华大学

热爱化学，高中一直是化学课代表，并连任两届化学兴趣小组组长，曾获得全国高中学生化学竞赛（省级赛区）一等奖

榜样之谈

由于化学这门科目的知识分布较零散，老师通常按照章节进行讲解，记忆起来有点困难。

为了使各个章节的知识连成一张网，我利用暑假时间，把之前所学的化学知识都进行了系统的归纳和整理，我发现所有的化学知识点之间都或多或少地存在着联系，而这些联系为我的学习减轻了不少负担。后来，我试着将这些联系写出来、画出来，就形成了一种类似蜘蛛网的图表，我称它为“图表图例法”。这种图表的内容可以分为很多种，有的表是一个章

节里的内容，有的是一本书里的内容，也有的是无机化学的内容或有机化学的内容。这样的表可大可小，而且各个知识点之间联系紧密，有利于复习。

高效学法

朱一青同学所说的图表图例法真的这么有效吗？我们不妨擦亮眼睛来看一看。

1. 列一列表

将学到的知识点归纳、总结到表格中，会更利于我们掌握知识之间的联系和区别，方便我们记忆。

晶体类型性质比较		离子晶体	分子晶体	原子晶体	金属晶体
结构	内容	阴、阳离子	分子	原子	金属阳离子和自由电子
	作用	离子键	范德瓦耳斯力	共价键	金属键
物理性质	熔沸点	较高	低	很高	有高有低
	硬度	硬而脆	小	大	有大有小、有延展性
	溶解性	可溶性晶体可导电；不溶性晶体浓度小，不导电，熔化状态下，都可导电	极性分子易溶于极性溶剂	不溶于任何溶剂	难溶（钠等与水反应）
	导电性	晶体不导电；能溶于水的其水溶液导电：熔化导电	晶体不导电，溶于水后能电离的，其水溶液可导电；熔化不导电	不良（半导体si）	良导体（导电传热）
典型实例		NaCl、NaOH、Na_2O、$CaCO_3$	干冰、白磷、冰、硫磺	金刚石、SiO_2、晶体硅、SiC	Na、Mg、Al、Fe、Cu、Zn

2. 画一画图例

图例在一定程度上也可以起到跟表格一样的作用，即帮助我们理清知识点之间的关系，让知识变得系统化且利于我们记忆。比如在整理钠及其化合物之间的关系时，我们就可以整理成下面的图例：

钠及其化合物

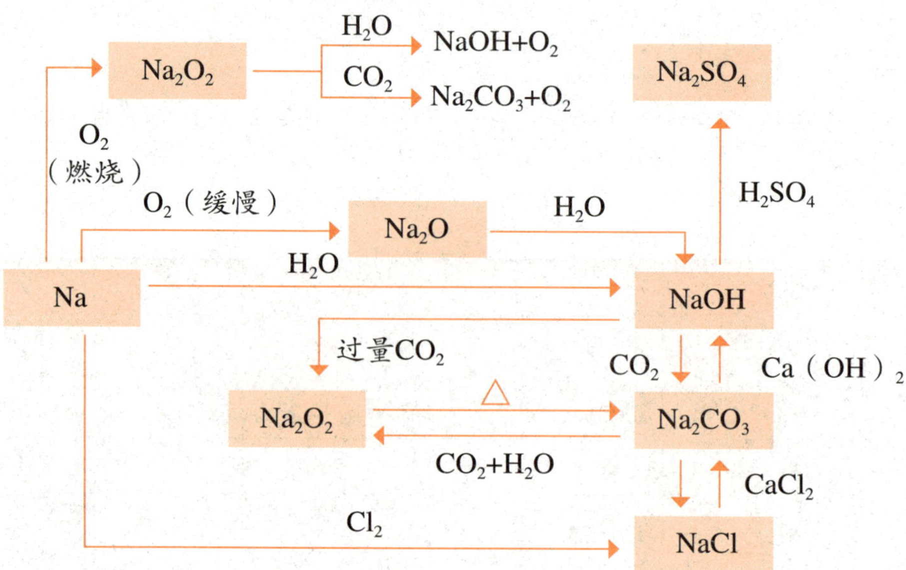

[第三章]

关注每一个学习细节

快速提高学习成绩

对于高中生来说，成绩的差异不在学习水平的高低，而在于对学习细节的把握。一些同学在学习时不注重细节，如书写不规范、解答步骤不完整等，很容易造成学习不扎实，功底不过硬，考试时遇到“卡壳”等现象。因此，要想提高学习成绩，就要从细节入手，养好良好的学习习惯。

15 用理科方法学历史

在历史学习中，如果把学习数学的一些思维方法带入其中，比如用公式、加减、量化等方法来学习历史，往往会产生意想不到的效果。

星光大道

阮珊珊 | 考入北京大学

榜样之谈

我常把学习数学的一些思维方式带入到文科学习中，如用学数学的一些公式、加减、量化等来学习历史。刚开始，我还担心这样做是不是“不适合”历史学习，时间长了，我发现恰恰相反，这些方法非常有助于学好历史。

高效学法

下面，我们就通过两个例子来看看具体如何用理科的方法来学历史。

1. 公式记忆法

（1）事件=时间+地点+经过+结果+影响

（2）人物=时代（国名）+职务+作为+评价

（3）作品=时间+作者+内容+意义

（4）会议=时间+地点+人员+内容+作用

（5）条约=时间+地点+签订双方+内容+影响

（6）改革=时间+改革人+内容+意义

（7）战役=时间+作战双方+经过+后果

2. 加减记忆法

如第二次世界大战的经过，可这样记：

经过=四次突然袭击+六次主要战役+四次重要会议+三次登陆+反法西斯统一战线+各国反法西斯斗争。这就是第二次世界大战的主要历史事件。

四次突然袭击=突然袭击波兰、丹麦和挪威、苏联、珍珠港

六次主要战役：莫斯科、斯大林格勒、库尔斯克、攻克柏林、不列颠空战、中途岛海战

四次重要会议：开罗、德黑兰、雅尔塔、波茨坦

三次登陆：北非、西西里、诺曼底

如记美国总统罗斯福政绩，可以从以上公式中减去波茨坦会议，再减去不列颠空战；政绩=反法西斯统一战线+中途岛海战+三次登陆+三次会议+罗斯福新政。

理科的学习方法，一是要学会高度概括，如上述公式法；二是要学会明确表述，如上述加减法。而这不正好可以弥补文科“一大片”“不好记”“不明确”等弱点吗？

16 不可不知的交叉学习法

纵观近几年来的中高考试题，我们不难看出，在试题的呈现方式上，往往以独立的综合性学习板块出现，题内所需的学科知识的综合性较强。经实践得出的结论是：交叉学习法是一种有益的学习方法。

星光大道

葛浩楠 | 考入北京大学化学与分子工程学院

曾荣获全国化学竞赛北京市二等奖

榜样之谈

学理的文科生，人文班出身，平行班毕业；爱化学，好踢球，高一时任班长；竞赛不精，全国竞赛北京市二等奖；高一高二时成绩不佳，后无意间发现各门学科都可以交叉解决，燃烧起学习的热情，而后奋起直追，至今成效略现。

高效学法

葛浩楠同学发现的各门学科交叉学习是怎么回事呢？他解释道，很多试题考查的往往是我们对某个定律、原理的理解深度，或是学科间的交叉。比如，我们如果对勒夏特列原理理解达到一定的深度，我们也许会隐隐地意识到勒夏特列原理、楞次定律、生物中的反馈调节也许有些内在联系：我们也会意识到求感应电动势或许可以通过数学方法中的导数来解决，求各种做功也许可以用得上定积分。

试举一例：

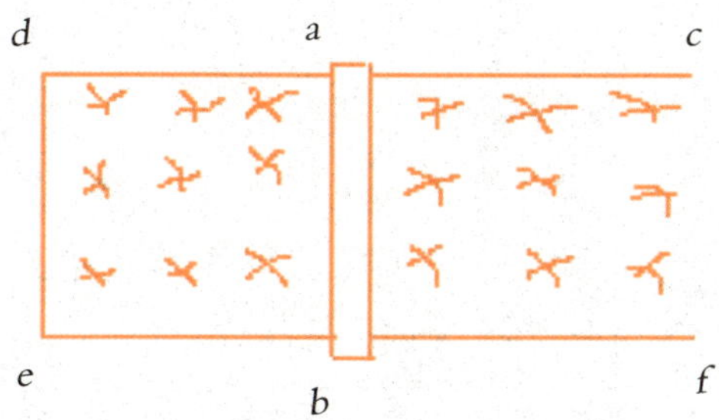

如图所示：固定水平桌面上的金属框架cdef，处在垂直向下的均匀磁场中，金属棒ab搁在框架上，无摩擦向右以初速度v匀速滑动，金属棒ab长度为1，棒的点阻力为R，其余部分电阻不计。开始时磁感强度为B0，eb的长度为X0，磁感应强度随时间变化规律为：B=B0+Kt。设：R=0.2Ω，X0=4m，I=0.2m，V=1m/s，B0=0.5t，k=0.25t/s。求t=2s时：

（1）闭合电路的感应电动势数值和方向。

（2）闭合回路感应电流的大小。

例如上边这道题，题目要求我们求解t=2s时的电动势和电流，我们当然可以根据数据求出该时候磁感应强度，进而求出动生电动势；再用运动学求出运行的距离，而后求出此时回路面积，再求出感应电动势，判断动生和感生相互加强还是抵消，最后得出结果。

这样类似的用数学方法解决物理问题的时候很多，物理试卷中的难题往往就难在数学方法上面。其实，化学、生物中也有和数学紧密联系的题目，只要我们充分理解所学内容并加以灵活运用，那么，我们在解决较难问题时就不用怕了。

17 定理公式要牢记

物理这门学科中的定理公式非常多，这些定理公式是某类型物理现象的概括，是物理知识的核心内容之一。因此，要想学好物理，首先就要将这些公式和定律充分掌握。

星光大道

翟菁然 | 考入北京大学

曾获得全国高中数学联赛（省级赛区）（二等奖），北京市物理（电学）竞赛一等奖、北京市应用物理竞赛一等奖

榜样之谈

同学们或许都知道这么一句话：中学物理是“力学难，电学繁”。以“准北大生”身份从北京四中毕业的翟菁然同学说：“越是‘繁’，越要记住最基本的东西。具体到电学，就一定要记住相关的公式、定理。我将自己摸爬滚打后总结出来的经验整理下来，借此机会跟大家分享。”

高效学法

下面是翟菁然同学总结的经验，我们一起来看一看。

1. 巧记电流强度公式

I=Q/t。可记为爱（I）等于（=）丘（Q）比（分数线）特（t）；或记为我（I）等（=）着踢（t谐音）球（Q象形），把球踢到空中，所以Q在上，t在下。

2. 首字母巧记功率公式

功率公式也可写作P=FV。P为people（人们）的第一个字母，F为final（最后的）第一个字母，V为Victory（胜利）的第一个字母，于是P=FV可记为：人们（P）等着（=）最后的（F）胜利（V）。

3. 谐音巧记电动公式

W=VIt。也可改写为W=ItU，然后记为，电工（电功）爱（I）踢（t）油（U）瓶。也可记为：大不了，挨踢呦。“W”的谐音“大不了”，“I”的谐音“挨”，“t”的谐音“踢”，“U”的谐音“呦”。

$Q=I^2Rt$可形象地记为：没有钱了，穷抠（Q）儿，等着（=）矮（I）平房（平方）里的店主（电阻R）踢（t）吧。

P=UI可记为：批（P谐音）评等于（=）友（U谐音）爱（I谐音）。

在运用这些定理公式的过程中，有的很容易理解却难以记住，有的则在应用过程中记错，导致运算出错。以后，有了翟菁然同学总结的记忆方法，恐怕想出错都难了。

18 学好生物的三个小技巧

生物虽然属于理科，但其本身却具有很明显的文科特征，比如，生物需要背诵的东西很多，但不用逻辑推理很难学好。因此，大家要想学好生物，就要采用文理结合的学习方法——背诵加推理。

星光大道

李烨 | 考入清华大学

曾获得全国中学生生物学联赛（省级赛区）一等奖

榜样之谈

针对埋头做题的同学，建议大家把生物书上的每一个字都认真看一遍。生物有点像文科学科，有些知识需要记忆，而课本上的每字每句都经过精炼，所以我会把生物课本，以及写在书上的课堂笔记逐字逐句看几遍，每看一遍，都能发现一些新问题。另外，生物一般会考一些课本里有的、但是老师平时很少讲的知识点，比如这届高考中就有一个生长素的题目，书上有一个小表格，那个表格我背了，但是老师好像上课没有强调过，这次考到了，很开心。

高效学法

那么，除了多根据课本记忆外，我们还应该怎么做呢？李烨同学建议我们从以下几个方面着手：

1. 先理解后记忆

与学习其他理科一样，生物学的知识也要在理解的基础上进行记忆，但是，高中阶段的生物学还有着与其他理科不一样的特点。

就拿数学、物理、化学来说，这些学科的一些基本思维要素我们已经一清二楚，比如：数学中的未知数X、化学中的原子、电子以及物理中的力、光等等。而对于生物学来说，我们要思考的对象即思维元素却是陌生的细胞、组织、各种有机物和无机物以及它们之间奇特的逻辑关系。因此我们只有在记住了这些名词、术语之后才有可能掌握生物学的逻辑规律，即所谓“先记忆，后理解”。

2. “瞻前顾后”“左顾右盼”弄清知识内在联系

在记住了基本的名词、术语和概念之后，我们就要把主要精力放在学习生物学规律上来了。这时大家要着重理解生物体各种结构、群体之间的联系，也就是注意知识体系中纵向和横向两个方面的线索。比如，关于DNA，我们会分别在“绪论”“组成生物体的化合物”和“生物的遗传和变异”这三个地方学到，但教材中在三个地方的论述各有侧重，我们要前后联系起来思考，即所谓“瞻前顾后”。又如：在学习细胞的结构时，我们会学习许多细胞器，那么这些细胞器的结构和功能有何异同呢？这需要大家做了比较才能知道，即所谓“左顾右盼”。

3. “5W1H”同样适用于生物

为了更好地理解书中的重点、难点知识，大家也可以像语文写作文那样时时思考“5W1H”。即：

Who ⟶ 谁或什么结构

What ⟶ 发生了什么变化或有什么

How ⟶ 怎样发生的

When ⟶ 什么时间或什么顺序

Where ⟶ 在什么场所或结构中发生的

Why ⟶为什么会发生这样的变化

其实，学习生物，单靠死记是绝不可能学好的，我们必须根据生物学科的特点，掌握科学的学习方法，才有可能真正学好这门学科。

19 用好演算纸学史地

同学们有没有发现，文科考试的时候也会发草稿纸，那么，你知道这草稿纸有什么作用吗？组织语言？列简答要点？……这些都还不够，一张草稿纸，在平常的文科学习和考试中都有着很大的作用，只要你能想出来，它就能达到你的要求。

星光大道

徐齐瑞 | 考入北京大学

榜样之谈

对于历史，我想说的是，关键在于平时，临时抱佛脚是没有用的。尤其对考小综合或大综合的同学来说，平时的基础是决定胜败的关键。高中的历史学习与初中完全不同，并不是靠死记硬背就能解决问题的，高中历史更需要的还是理解，最好是能每星期复习一次，每个月再总复习一次，复习时关键是反复地看书，在反复中提高。书才是最根本的。离开书本谈能力是不现实的。而我学习历史的技巧就是带上“演算纸”，不要以为只有理科才需要演算纸，文科学习用它也很有用。

高效学法

徐齐瑞同学的这种学习方法不仅适用于历史，而且政治等其他文科科目也同样适用。我们不妨就称这种学习方法为“文科演算纸学习法”。那么，使用这种方法时需要注意什么呢？

1．在复习历史、政治等文科课程时，也如同学习数学、物理等理科课程时一样，在手边准备一摞演算纸。

2．遇到重点、难点、考点，在演算纸上以提纲等多种形式将要点写下来。

3．参照教材等，给自己写下的内容打一个分，看漏了什么没有，错了什么没有，并将正确答案写在边上。

4．将这些“演算纸”保存起来，并加以整理，考试前或自己认为需要时拿出来翻一翻。

“文科演算纸学习法”是一个很有创意、很见实效的学习方法。它具体表现在如下几点上：

其一，“演算”的过程就是重温重点的过程。而这种复习，一般比在脑子里默想更见效。因为最淡的墨水也胜过最强的记忆。

其二，“演算”的过程又往往是化繁为简的过程，因为写时不可能逐字逐句地写，只会写要点，久而久之，就会越来越知道写什么、不写什么。

其三，“演算”的过程也是一个静下心来的过程。大家或许都会有这样的经验，光用脑子想，有时容易走神。而用笔逐条写时，注意力相对容易集中。

由此可见，文科的学习不仅仅是记记背背那么简单。

20 建立一个属于自己的错题本

建立错题笔记，是很多高考状元的共同经验。据调查显示，那些考进重点大学的状元们几乎人手一本错题笔记。所谓错题笔记，就是把自己做过的习题、作业、试卷中的错题整理成册，并把正确的思路、解题过程和感想记录在本上，并思考如何在今后不再犯同样的错误。

星光大道

曲珍 | 保送北京大学

榜样之谈

如何不让错题再错，或尽量减少差错，是我学习不断进步的诀窍之一。而错题笔记，就是打开这个诀窍的一把金钥匙。从高一开始，我除了基本的课堂笔记外，还养成了记错题笔记的习惯。首先，我把错题分类整理到笔记本中，遮住答案重新做一遍；然后用红笔写下心得，包括解答这类题目的技巧，以及在做此类题目时需要注意的细节等。坚持了一段时间后，我发现自己不仅找到了解题的规律，而且之前做错的题型也很少再出错。高中三年下来，数学、英语、物理等科的错题笔记我整理了十几本。

高效学法

曲珍同学的学习经验非常值得我们借鉴。总结和反思是学习必备的环节，我们做错题笔记的过程就是我们对学习总结和反思的过程。毫无疑问，做错题笔记是一种非常有效的学习方法。下面我们就来看一看曲珍同学具体是如何归纳错题的。

1. 分类整理

将所有的错题按错误的原因分类，如概念模糊类、顾此失彼类、技巧类等，并将各题注明属于课本某一章某一节，这样分类的优点在于：既能按错因查找，又能按各章节易错知识点查找，便于今后复习时查阅；另外，也简化了“错题集”，整理时同一类型问题可只记录典型的问题，不一定每个错题都记。

2. 记录方法

老师试卷评讲时，注意记录老师对错题的分析，以及解题的切入口、方法、技巧等，并在该错题的旁边写出自己解题时的思维过程，反思自己产生错误的原因及根源。

3. 必要的补充

对于每一个错题，查找出资料或课本上与之相同或相关的题型，并做出解答。如果能够顺利解答，说明这一知识点，你可能已经掌握了；如果还是不能解决，则还要对这一问题做深入的处理。否则，在下一次考试中，你在这一问题上可能还要犯同样的错误。

4. 错题改编

这一工作的难度较大，解题经验丰富的同学可能做起来比较顺利。因为每道试题都是老师编出来的，既然能编，自然能改，这是弥补知识漏洞的最佳方法。初始阶段，同学们只需对题目条件做一点改动即可。

同学们在对错题整理的同时，要及时地发现错题背后的深层次原因，到底是自己对知识不够熟悉还是粗心做错。对于前者要注重将相关知识点整理到错题本上，并将知识点研究透彻；至于后者，则要在平时做题时有意识地提醒自己。

21 选择适合自己的预习方法

预习是一个实践问题，虽然有很多预习方法，但并不存在一套适用于大多数人的方法。因此，同学们应根据自己的个性特点和学习偏好，去选择适合自己的预习方法。

星光大道

熊泓宇 | 保送北京大学

曾获得第26届全国中学生物理竞赛（省级赛区）一等奖

榜样之谈

上课时，很多同学感觉数学听不懂，一个重要的原因就是：上新课时，前边学过的知识还没有弄懂，或者旧知识已被遗忘了。而预习就是为上课做准备。预习可以让我们主动地听课，带着问题听课，同时也能提高我们的自学能力。

针对数学预习，我的方法是：较快地浏览教材，例题至少看三遍，认真地理解概念，画出重点内容，找到疑难问题，简单地做些练习题检查效果。如果时间充足，根据预习的知识，在笔记本上打个框架，方便第二天课堂笔记的补充。

高效学法

通过学习熊泓宇同学的学习经验，我们知道预习是提高听课效率的重要一环。

下面介绍三种在尖子生中普遍应用的预习方法，供大家参考。

1. 边阅读边标注

边读边用笔在课本中用符号做圈点批注，把自己对课文内容的理解记下来。如：用横线“______”标出生字、生词、重点句子（如“中心句”“过渡句”“总结句”“修辞句”等）；用着重号“……”注明关键词语；用波浪线“～～～”画出重点语句或中心句；用“☆”标示重点语段；用问号“？”表示对内容或观点的质疑等。

2. 数字化标注法

此方法特别适用于文科各科目，语文、政治、历史、地理。具体做法是把课本中的重点内容、重点字、词句标示出来，然后用数字加以注明1、2、3、4点等。经过数字化的归纳，同学们可以清楚地记住这一课中有几个需掌握的关键词，这一个知识点下有几个层次的内容，从而使知识更加条理化，使预习更有效果。

3. 写预习笔记

在预习的过程中，把预习的重点、要点和知识结构记录在笔记本上，比如，本节课讲授的几个重要问题是什么，以及它们之间的前后关系、逻辑关系；预习时遇到的疑难点是什么，自己是如何解决的；查阅了哪些参考书或工具书，所查阅的资料中有价值部分的摘抄及心得体会，这些都可以整理出来写在笔记本上。

需要注意的是：在运用批注预习法时，使用的符号应该是固定的，不要随意改换，符号的种类也不宜过多，这样才能保证一打开圈点过的书就能看明白。另外，还要注意圈点和勾画的地方不可过多，如果通篇都加了五花八门的记号，反而看不出哪里是重点了。

22 培养语感，创造英语环境

英语和语文一样，是一种交流工具，怎样学好它，要讲究方法。

星光大道

帅惟韬 | 考入北京大学

多次获得数学、生物、英语等竞赛奖项，并获得北京大学保送资格

榜样之谈

依我看来，英语学习绝对不是终日埋头于题海之中，需要我们自己找感觉。大家可以在平时看看英文原声电影，既可以在紧张的学习中得到一丝喘息，又能练习听力，何乐而不为？英语的学习更需要多用心地读，比如选择一些英文报刊或者书籍读一读。

相信大家都明白，在英语考试中完形填空和阅读理解的重要性，因此建议大家除了读，还要认真地动脑思考，不要仅仅局限于阅读理解后面的那几道题目，更重要的是把课文钻研透彻，并且抄写好词好段。在我看来，只有多听、多说、多练，我们的英语水平才能提高。

高效学法

许多同学都抱怨学英语没有好的环境，英语角的同学水平都太高，英语广播听不懂，英语磁带又不爱听，怎么办？下面，我们就具体地看一看帅惟韬同学学习英语的方式吧！

1. 听

听一段录音带，听一句，跟学一句，每句话听上20遍，跟读20遍，直到和录音带的发音完全相同为止。不求学的进度有多快，只要求每句话都和录音一模一样，不听录音的时候，自己练习，力争将单词发音读准确，然后再逐步加快，和录音同步。这种方式可以提高我们的听力，培养我们的语感。

2. 说

不敢张嘴就先把自己关在屋里，把录音机的音量调大，这时候，录音多大声音，你就用多大声音说。每天这么练习，直到一篇文章你都能够流利的和录音同步说出，录音的音量不要减，同样还是这么大声音。在你和录音同步发音的时候，你可以突然把录音音量调到最小，这时候，你的音量别降低，还保持着那么大的声音继续说下去，直到这篇文章说完为止。

3. 练

再说练习这个环节，有选择地做适量习题对我们的英语学习是大有好处的。怎样去选择习题？这就因人而异了。譬如，语音差的同学就应多做些语音方面的题目；如果语音学得好，就不必在这方面多费力气，要在自己的薄弱环节上多使劲儿，以达到事半功倍的效果。

[第四章]

全面完善学习习惯

稳步提高学习效率

坏习惯毁灭一个人，好习惯则会成就一个人。生活如此，学习也是如此。可以毫不夸张地说，在学习过程中，如果我们拥有良好的学习习惯，那么取得好成绩就是易如反掌的事；反之，你就很可能与好成绩永远绝缘。因此，同学们想取得好成绩，就必须全面完善学习习惯。

23 不做课堂上的配角

四中的石国鹏老师说："凡是能把我挂在黑板上的，平时成绩我一律给满分。""挂黑板"是四中的俗语，意思就是在课堂上当面把老师问倒。尤其在听课的时候，同学们会主动、积极地参与课堂内的全部学习活动和思维活动。比如，大胆发言、参加课堂讨论等，争当课堂学习的主人。

星光大道

曹懿然 | 考入清华大学

获得保送清华大学的机会

榜样之谈

在课堂中遇到自己不太明白的问题时该怎么办？我的办法是及时向老师提问。这一点说起来容易做起来难。对此，我提出了一套自己的办法：老师提出的问题一定要回答，即使没被老师点出来回答，也要自己在心里解答；看着老师的眼睛听讲，很多老师喜欢与学生进行眼神交流，通过眼神，老师能明白学生是否听懂了所讲的内容；多与老师和同学进行课堂互动。

高效学法

老师的讲解和指导为我们的学习创造了前提条件，但老师的讲解和启发再好，如果大家不积极参与，不主动消化和吸收，也是不能很好地完成课堂学习任务的。所以，对于老师的每一个提问，同学们都要积极思考，主动发表自己的看法，认真参加讨论；对每次演示实验，都要仔细观察或参加。在课堂上，同学们要做到积极参与，以下四个问题不能不高度重视。

1. 我是否掌握了足够的知识去积极参加课堂讨论

由于绝大多数老师都紧跟教材，所以一般情况下都可预测出课堂讨论的内容。如果你没有胆量发言，就要事先猜测一两个你认为可能讨论的题目，并做好准备，这样能帮助你克服恐惧感。

2. 我是否有正面回答问题的聪明方法

回答问题最好用肯定形式，而不是否定形式。切勿首先对自己答案的正确性提出疑问，否则，还没等你开始解释自己的观点，就开始怀疑自己了。

3. 认真倾听其他同学的发言

在认真倾听其他同学发言的同时，也要和自己的想法进行比较，从中汲取有益的东西。

4. 认真领会老师的总结性发言

不仅要重视老师对问题所下的结论，而且要注意听老师对大家发言的分析评价，理解老师肯定或者否定某一观点的理由和思路，以加深自己对问题的认识。

24 积极地参与课堂讨论

课堂讨论好处很多。比如，课堂讨论能促使同学们积极思考，加深大家对所学知识的理解，即使自己意见不对，也能及时发现自己的弱点，及时克服。另外，讨论时，因听取了各种意见，自己容易受到启发而产生新的创意，并且，讨论还能锻炼个人的口头表达能力，提高辩论能力。因此，同学们一定要珍惜讨论的机会，不做局外人，不闭关自守，而是积极地参与到小组讨论或全班讨论之中。

星光大道

双胞胎姐妹：桂欣璐（姐姐）、桂欣钰（妹妹）

桂欣璐考入北京大学，桂欣钰考入清华大学

榜样之谈

这对双生姐妹花，姐姐性格外向，妹妹性格内向，两人还是同班同学。

姐姐桂欣璐说："不喜欢跟妹妹一个班，妹妹的成绩比我好，每次老师发试卷的时候，我都不敢抬头，因为我觉得老师表扬妹妹的时候，眼睛总是若有似无地瞟向我，那滋味真是不好受，像无数道X光线凌迟我一样。

不过，我还是很喜欢跟妹妹在一起自习的，妹妹的领悟能力比我快，但是我还老唱反调跟她争论辩解，妹妹却总能不厌其烦地纠正我。奇怪的是妹妹讲的总是能比老师讲的内容让我记忆深刻。”

妹妹桂欣钰说：“虽然很喜欢跟姐姐在一起，但是却很反感跟姐姐在同一个班。因为在班上老师和同学经常会对我们进行比较，我的性格不如姐姐，姐姐总是有一堆朋友，每次在学校一个人走的时候，总会有人问：‘欣钰，你姐姐呢？’这让我感觉很不是滋味。我也很喜欢跟姐姐一起自习，每次她跟我争论，我给她讲解题目的时候，我都会有一种自豪的感觉，总算有比姐姐优胜的地方了，并且给她讲解的过程我也更加记忆深刻。”

高效学法

心理学家认为，争论时，当我们的想法或者讲述的观点被大家认同，甚至是赞许时，自己心里会有一种欣慰感，大脑会兴奋起来，使记忆力增强，更有效地记住已掌握的知识；反之，当自己的想法或者讲述的观点被人反对时，心里就会感到“吃惊”，当别人说出正确的观点时，便会茅塞顿开，这“吃惊”“顿开”就使大脑兴奋，使记忆力增强。那么，除了桂欣璐和桂欣钰姐妹之间的讨论外，我们还可以采取哪些讨论方式呢？

具体来说，同学们可以这样做：

1. 先记忆，后争论

事先和同学规定在一定的时间内，记住什么知识和多少内容。均认为记住了或读完后，再开始逐个背出，然后进行讨论，谈论自己的看法。达到明确正误，记住知识要点的目的。

2. 选好争论方式

（1）逐一进行，讲完或背出一个便评论一个；

（2）分项进行，先一一背诵、讲述，而后大家共同争论，发表看法；

（3）一个人提问，众人回答，继而争论；

（4）集体共同背出，争先恐后，最后争论出正误。

……

以上种种，皆可按照大家的习惯自由选择。

3. 围绕中心，商量探讨，不抬杠，不争吵，不讽刺挖苦，不说风凉话

4. 争论解决不了的问题再找老师

25 有选择地做课堂笔记

有的同学一上课就拼命地记，恨不得把老师的每一句话都一字不漏地记下来。大脑和手始终处于机械而紧张的“录制”语音符号当中，一堂课下来很累。可是合上笔记本想想老师究竟讲了些什么，脑子里又是空空的，只好再花大量时间去看笔记。结果是“上课记笔记，下课看笔记，考试背笔记”，造成了学习上的被动。也有的同学上课时只是专心听讲，不做课堂笔记，但学习质量还是不高。那么，怎样才算记得恰当呢？

星光大道

任恺茜 | 保送北京大学

曾获得全国青少年信息学奥林匹克竞赛（省级赛区）一等奖

榜样之谈

上课时认真做笔记是成功的要诀之一，笔记会对老师所讲的内容进行归纳和提炼，分清重点和难点，形成清晰的脉络，将知识点串联起来，我们要做好定期复习。当然，课堂上的笔记并不是一字不落地将老师说的知识通通记下，而是要有选择性地记，非重点的内容就可以省略，同时也能节省很多时间。

高效学法

那么，课堂笔记应该记哪些内容呢？任恺茜建议我们这样记：

1. 记提纲

记好提纲，就可以帮助我们理清老师的讲课脉络，从而可以更好地把握所学内容。

2. 记思路

思路就像航海时的航标灯，有了思路，我们自然也就有了前进的路线和方向。在记思路时，我们也要注意结合自身的实际情况，比如，我们在记录难题时就应该把思路记得详细些，并记好结论，方便复习和思考。

3. 记重点

讲课时，老师一般都会把重要内容框出、画出，或者用彩色笔写出以突出重点。明确了重点，我们的记录就能详略得当，经纬分明。在记录重点时，也要不失时机地记下有关解析内容的经典范例和突破重点的巧思妙解。

4. 记补充

在教学过程中，老师经常会补充一个经典的例题或恰当的比喻来引入概念、突破难点、强化重点、说明方法或优化思维。有的会让我们恍然大悟，有的则会让我们回味无穷。记下补充的内容，用到的时候就可以信手拈来。

5. 记感悟

感悟可以分很多层次，可以从学习每段内容的体会开始，有则多写，无则少写，然后对有关方法进行归纳总结，并进行点评，还要对重点内容和难点诠释的方法途径进行回顾。

总之，上课时最主要的任务就是听讲，千万不要把自己变成了“抄写员”，要有选择地记笔记，做到重点突出、详略得当。

26 藏在小纸条里的好习惯

世界上有两位以“纸条”著名的作家，一位是英国诗人约翰·济慈，另一位是20世纪美国著名小说家杰克·伦敦。他们一个用纸条作为学习知识的媒介，一个用纸条随时记录下自己的创作灵感。小小的纸条，成为他们文学生涯中不可或缺的重要工具。

星光大道

卞格 | 保送清华大学

连续三年被评为北京四中“校三好学生”

榜样之谈

与大多数同学一样，我在记忆方面也遇到过麻烦。最可气的是，有时明明是十分简单又十分熟悉的知识点，运用时却怎么都想不起来（相信大家也有过类似的经历）。后来通过查资料我才得知，这与人的记忆习惯有关。于是我想到像美国作家杰克·伦敦那样使用小纸条来帮助记忆，把容易遗忘的知识点写在纸条上，贴到容易看到的地方，例如卧室、门上、床头、写字台边，多留心记忆。小纸条的内容不求全面详尽，但求一语中的、一目了然，必要时还可配上适当的图表以便记忆。

高效学法

在学习过程中如何运用小纸条呢？不妨来看看下格同学的具体做法：

1. 课堂小纸条

课堂上，老师讲解典型题目时，遇到自己不懂的或者模糊不清的题目，把它写在一张小纸条中，然后放起来，晚上回家做。即使通过老师、同学们的讲解已经听懂了，也要记录在小纸条中，回家后重新做一遍。

2. 清查小纸条

回家后，把白天课上记在小纸条中的题目重新做一遍，尽量把老师讲解的步骤还原，想一想自己能否想出新的解题方法，并把老师讲解此题目时点出的重点，一一记在小纸条上。

3. 贴在醒目的地方

把问题没解决的小纸条依次贴在醒目的地方，每天回家都看一看、做一做。有的题目看过几次达到熟练的地步后，就把那张小纸条撕下来。

在运用小纸条记忆时，要想达到好的记忆效果，还需要注意几点：

1．小纸条的内容要比较简洁，而且要突出重点。

2．在设计小纸条时，那些特别容易遗忘的关键词，应该用大字号或醒目的颜色（如红色）表示出来，这样记忆起来才会更准确、更轻松。

3．已经记住的小纸条，不要急着丢进垃圾桶。说不准什么时候，你就可能又会把这些纸条重新贴在自己的卧室里面。

27 学习笔记要及时整理

不管笔记做得详细或简略、整齐或潦草、正确或错误，课后都要进行课堂笔记的整理工作，这是巩固记忆、加深理解、积累资料、提高理解能力不可缺少的重要环节。现在的中学阶段课程内容多，一般遗忘速度是先快后慢。因此，课堂笔记要及时进行复习和整理，同时还要分章节段落复习和整理。

星光大道

秦岭 | 保送清华大学

曾获全国中学生生物学联赛北京赛区二等奖，北京市物理竞赛一等奖

榜样之谈

步入高三复习阶段后，数学课就越来越让人吃不消。两节连堂，快嘴黎老师洋洋洒洒讲下十几道综合“压轴题”不成问题。我们这群弟子只能头不抬、眼不眨地一通猛记，手底下龙飞凤舞，笔记本上一片混沌。临近考试，我想复习的时候，才发现笔记本上的那些“密码”已经很难“破译”。万般无奈，我只好开始整理笔记。我努力回忆老师讲课的情景，把

每道题的步骤补充完整，把题与题之间的联系和区别标注在旁边，时间久了，终于摸索出一个简易可行的方法。

高效学法

由于课堂上时间比较紧迫，老师所讲的一些内容当时可能遗漏，同学们所做的课堂笔记也许会很潦草，因此，下课后要及时对笔记进行整理、归纳、补充。

具体来说，整理、加工课堂笔记的方法是：

1. 忆

即课后抓紧时间，趁热打铁，对照书本、笔记，及时回忆有关信息。这是我们整理笔记的重要前提。

2. 补

课堂上我们都是跟着老师讲课的速度进行笔记，而老师的讲课速度要比我们的记录速度快一些，所以笔记中会出现缺漏、跳跃、省略等情况，我们要在忆的基础上，及时做修补，使笔记更完整。

3. 改

仔细审阅我们的课堂笔记，对错字、错句及其他不够确切的地方进行及时修改。

4. 列

用统一的序号，对笔记内容进行提纲式、逻辑性的排列，注明编号，并排列好整理笔记的先后顺序。

5. 舍

删除无关紧要的笔记内容，使笔记更加简明扼要。

6. 分

分类誊写经过整理的笔记。同类的知识，摘抄在同一个本子上或一个本子的同一部分，还可以用卡片分类抄录。这样，日后使用就方便了，按需索取，纲目清晰，快捷好用，便于记忆。

对笔记进行进一步整理，使之成为系统、条理的参考资料，这样既可以提高听课效率，又能使笔记干净整洁、有条理，还是一种很好的课后复习方式，使我们的复习更有针对性，从而收到事半功倍的效果。

28 寻找适合自己的复习方法

记忆力强，理解力差，而遗忘率高是青少年学习中的一大特点。心理学家认为，反复刺激是加强青少年记忆能力的方法之一。反复刺激不是单一的知识重复，而是通过不同的渠道，运用不同的符号信息，一次次地刺激大脑，使大脑一次又一次地接收信息，迫使大脑思维、加工、整理，最后储存知识，以利于加强同一知识的反复记忆。

星光大道

奚牧凉 | 保送北京大学

热爱话剧，曾在话剧社中发挥其特有的才华，被列为北京大学校长实名制推荐人选

榜样之谈

背政治书是高三的一出大戏，我自己感觉不佳，背书总是背不过别人。迷茫的时候，彭老师给我很多的鼓励，他让我发挥自己看书速度快且理解力强的优势。为了让政治书的结构更清楚，在书上我用不同的颜色标

记出重点，读课本时注意原文的表达和细节，还在书的周围画了很多只有我自己懂的结构图。这样每次背诵政治书的时候我都给这些圈中的重点标上一层颜色，然后在考前快速看一遍，我发现这效果并不比书背得好的同学们差。

高效学法

上海市优秀学生沈君辉同学在学习中也采用了类似奚牧凉同学所用的“颜色刺激法”。沈君辉同学说：“这种方法听起来好像很神秘，其实很简单的。就是在白纸黑字中，在不同的学习阶段采用不同颜色的笔对课本中的知识要点进行点化圈注，利用被圈不同颜色产生的‘瞬间醒目’来提高自己记忆的效果。”

那么，这种“颜色刺激法”，在学习中具体怎么使用呢？

1. 第一道用红笔

在上新课时，用红色的笔。对文中的不同内容的知识点采用不同的点化圈注。如“点”可分“.”“。”“△”“:”等多种符号；而“画”也有“____”“﹏﹏”“……”等。用颜色鲜艳的红笔圈注能对视觉造成强烈的刺激，进而在脑中留下深刻的印象。

2. 第二道用蓝色笔

单元复习阶段，红色圈注的要点很多，就显得不那么的醒目了。于是把这些要点中的要点用蓝色的圆珠笔再做点化圈注。“红”“蓝”对比，色彩又鲜明了，还把重点又挑了出来。

3. 第三道用黑色笔

期末复习阶段，再从“红”“蓝”色彩下挑选出最后的知识要点，用黑色墨水笔点化圈注一番，最好用黑色水笔能盖住前面的两种颜色，用鲜亮的黑色造成刺激，帮助我们做最后的记忆。

不同的阶段采用不同的颜色对知识点点化圈注，可使这些重要的知识点在每次复习时都能以鲜明深刻的印象存入脑海中。沈君辉同学就是通过这种方法把知识记得越来越牢了。

29 养成积累素材的好习惯

“作文难写，难写作文。”这几乎成了很多同学的口头禅。究其原因，就在于这些同学缺少写作素材，感觉没东西写。因此，同学们要想写好作文，提高习作水平，就必须着眼于写作素材的积累。

星光大道

宫恩浩 | 保送清华大学

高中三年担任过校刊编辑，曾荣获校级“三好学生”“优秀团员”等称号

榜样之谈

我认为，写作文需要厚积薄发，这主要体现在素材积累上。对于作文素材的积累，主要有两种方法：一是从阅读中积累，二是从观察中积累。前者主要是通过阅读、做读书笔记积累素材，后者则是通过对生活的观察，然后写成散文、随笔、札记等，以达到积累素材的目的。比如，我比较喜欢古诗词，就经常背读和抄记，这样在写作文的时候用上这些古风

古韵的句子，就可以表达出独特的意境，带来意想不到的效果，使文章出彩。另外，我还每天坚持写散文、随笔，这样既锻炼了我的写作能力，也一点一滴地积累了作文素材。

高效学法

对于作文来说，积累材料当然是很重要的，但最重要的莫过于积累材料的方式，以及如何利用这些材料。另外一位优秀生邓雨瑶同学介绍的积累方式，非常值得我们借鉴和学习。具体来说，大家可以这样做：

1. 要多读多背

语文的学习同英语的学习一样，也有语感问题。“熟读唐诗三百首，不会作诗也会吟”，在语文学习的过程中，我们要多读多背，有了我们平时语文学习中所背诵下来的文章作为积淀，写作文的时候就会游刃有余、左右逢源了。

2. 有灵感时就要及时写下来

学生的生活经验、经历比较少，但是这并不表明我们对生活毫无感觉，有时候，或许一次考试失败的经历都可以成为我们作文写作时的素材。因此，当我们在学习生活中哪怕有了一点点的感想、感悟时，都要及时地写下来，抓住写作的灵感。

3. 从生活中提取材料

我们的生活是丰富多彩的，我们的家庭、社会、学校生活中充满着有意义、有情趣的作文素材。只要我们留心观察就不难发现这些素材，并将这些新鲜、生动、活泼的素材运用到我们的作文中来。

4. 充分利用媒介积累素材

其实，报纸、新闻节目也是我们积累素材的重要途径，而且这些材料更具有时代性、新鲜感。从新闻节目或报纸入手可以让我们掌握当前最新鲜的素材，而且也可以拓宽自己的知识面，何乐而不为呢？更关键的是，有时高考会考一些比较时兴的话题，那么报纸上的相关评论或文章无疑是最好的参考，这会对我们的高考作文有很大的帮助。

同学们积累的素材越多，写作文时对材料进行优选的余地越大，也就更容易写出优秀的作文。

[**第五章**]

有效改善学习技能

让你的学习事半功倍

学习技能是一种有益于学习的技巧和素质。那些成绩优秀的同学，尤其那些考入重点大学的同学，其成功的秘诀就在于拥有良好的学习技能。实践证明，成绩好与成绩差的距离，不全在于智力和天赋的高低，还在于学习技能的强弱。掌握科学、高效的学习技能，可以让你的学习事半功倍。所以，你不妨从现在开始有意识地改善自己的学习技能。

30 学习文言文的六字妙招

无论中考还是高考，文言文都是必考的内容之一。如今，文言文虽然已经不是现实中的语言，我们在学习和生活中也不再使用，但是，文言文还在以各种方式影响着我们现在使用的语言。因此，要学好现代文，必须有坚实的文言文基础。那么，我们该如何学好文言文，在考试中取得优秀的成绩呢？

星光大道

尹贰相 ｜ 来自韩国的北京四中学生，曾获得清华大学留学生高考第一名

榜样之谈

在北京四中学年度优秀外国学生表彰大会上，清华大学留学生高考第一名尹贰相同学获得北京四中最高奖学金：20000元人民币。尹贰相同学用一口流利的中文表达了对中国的喜爱，他说：“我很喜欢中国的文字，它是一种很奇妙的文化。但是跟土生土长的中国学生相比，我在这方面没有

任何的特长。不过，自从接触了文言文，我发现原来也有中国学生比不过我的‘中国文化’，这更加深了我对中国文字的热爱。”

高效学法

尹贰相同学在文言文阅读方面非常出色，丝毫不比优秀的中国学生逊色。在文言文学习方面，北京四中优秀学生代表李新浩同学与他有着相同的见解。他们学习文言文的方法归纳起来就是“读、译、诵、析、结、练”六个字。

1. 读

学习文言文一定要读，并在理解句意和正确断句的基础上多朗读。因为培养文言文的语感很重要。

2. 译

根据课文注释或课外资料，准确、流畅地翻译课文。这样可以利用记忆译文的方式，加深对课文的理解，便于记诵。

3. 诵

背诵是培养文言文语感的最佳方式。背诵文言文的最好方式就是把内容分为几个组块，比如《过秦论》最后一段，共有六句话，可以分为三个组块，只要理解了意思，背下来就很容易。

4. 析

析，就是对课文的大意、思想、人物进行挖掘、分析。在分析过程中，首先，要结合当时的历史背景。比如《信陵君窃符救赵》中侯嬴为什么要自杀，联系当时士人的追求和立身之本，这个问题才得到合理的解释。其次，要注意古为今用。文言文学习强调古为今用，同学们要对其中的故事、人物有创新的理解和评价。

5. 结

结，即总结，就是积累文言文基础知识。同学们可以把零散的知识分为八项：通假字、活用词、特殊句式、一词多义、虚词用法、双音词古今异义、成语名句、生字生词。然后，做一个表格，对每一课的基础知识进行总结。

6. 练

学完一课后，为了强化学习效果，做一些练习题进行测试是必不可少的。

同学们，你还在死记硬背书上的翻译、注释吗？这可不是学习文言文的好方法！你不妨试试上面这套完善的文言文学习法。

31 画图归纳巧记忆

基础知识点是零散的，零散的知识不利于记忆和掌握。因此，我们要通过知识点之间的逻辑联系，把一个个零散的知识点按一定的标准归纳整理，连点成线，连线成面，形成相对系统的知识结构与网络。

星光大道

关安頔 | 考入北京大学光华管理学院

获得保送北京大学的资格

榜样之谈

人脑不是计算机，面对大量的数据、信息的时候，我没法像计算机一样每秒做100万次运算，进行飞速处理。所以，我喜欢进行总结归类。当然总结的方法有很多，但是我觉得找到一种适合自己的总结方式才是王道。有的同学喜欢抄写总结，即利用抄写的方式来巩固记忆；有的同学喜欢用比较的总结方法，即做出对知识点的横向、纵向、联想比较，把一个个知识点串联成一张网进行比较记忆，区分他们的异同。当然，这些都不是我的特长，我个人比较擅长画图归纳。

高效学法

我们不妨一起来看看关安頔同学是如何进行画图归纳的。以化学和地理两科为例，他是这样做的：

1. 化学

这个学科最大的特点就是知识点繁杂、细碎。如果想把化学学到得心应手的境界，不下一番苦功夫去背记，恐怕是不行的。当然，必须是归纳之后再系统地进行背诵。例如，下面这张九点图，涵盖了所有类型的复分解反应。

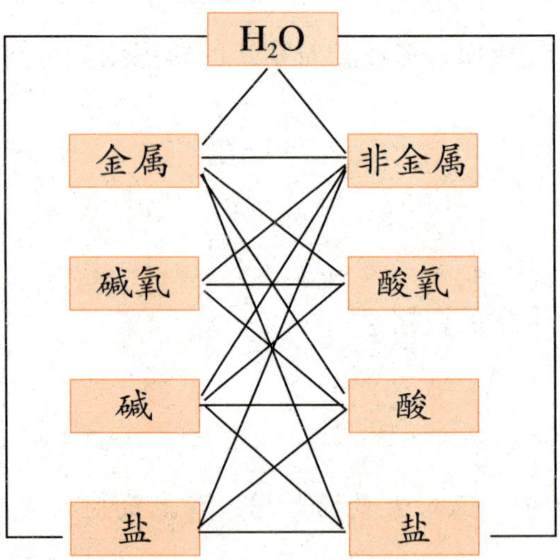

当然，在记忆这张涵盖了所有类型的复分解反应图之前，同学们事先要掌握好每个复分解反应的公式。

2. 地理

比如，分析海陆气压、季风关系是学习气候知识的难点之一。我们可以绘制一个简图（如下），就可以使这些知识点一目了然了。类似的知识点还有很多，同学们都可按照这个办法进行总结记忆。

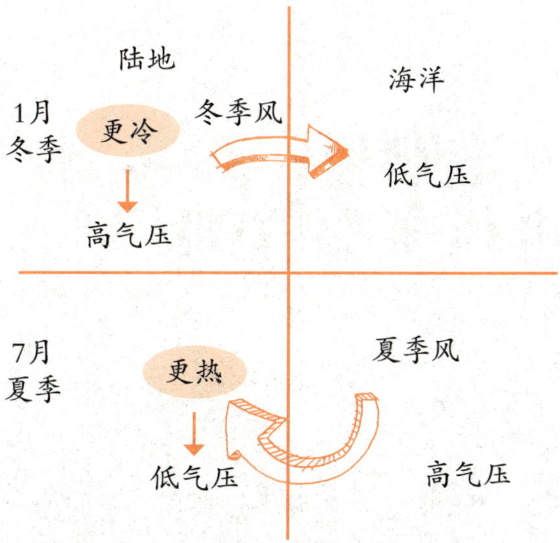

陆地热容量小，温度变化大，是矛盾的主要方面，要紧扣陆地分析。

除了关安顿同学介绍的画图归纳法，同学们还可以采用列表图示法构建知识网络。所谓列表图示法，就是根据相关知识的特点，用表格或图示形式使同类知识前后连贯起来，形成一个系统，使众多纷繁的知识内容脉络分明、条理清晰，收到化繁为简效果的一种方法。以历史为例，如古代政治改革（变法）、重大战役、科技文化成就，近代史上外国侵略者五次侵华战争，中国现代史上党的两次重要会议，世界史里的三大宗教、资产阶级革命、两次世界大战等，都可以分别用表格的形式归纳。这样做的最大优点是简明、醒目，便于记忆和掌握。

32 对一道题目要进行多次解剖

综合练习不仅仅是要做大量的习题，还要根据不同的学科进行符合学科特点的练习。例如，理化生要求进行实验训练，地理、几何要求进行绘图训练，外语要求进行口语会话训练，作文则是语文综合练习的好形式。

星光大道

张笑涵 | 保送北京大学

连续三年获得北京市“三好学生”称号

榜样之谈

无论在学校还是在家里，经常见到有些同学超负荷地做练习题，漫无边际，毫无目的。有的家长望子成龙、望女成凤心切，到书店为孩子购买各种习题集和复习资料，托亲戚找朋友到处搜寻习题，恨不得把所有的题都找出来做，才感到心里踏实。其结果如何呢？往往会使孩子思维混乱，晕头转向，疲于应付。在这里，我认为有必要提醒大家：千万不要搞“题海战术”！那么，如何从“题海”战术中解脱出来呢？我是采用“迁移”

的做题方法，做一道题迁移出一串题目。

高效学法

那么，张笑涵同学所说的“迁移”究竟是什么呢？所谓迁移就是学习者把所获得的体验、方法、思想、观念运用到新的情境中去。简而言之，就是在做题目的过程中，选择不同的形式进行综合练习，这对提高大家的解题能力是非常有帮助的。具体来说，张笑涵同学是这样做的：

1. 一题多解

对代表性强的典型题目，题目做完、做对后，还可以想一想：如果少了某些条件，会产生什么结果；或者条件发生了变化，又会产生什么结果。或者，想一想：同样的条件下会不会有别的结果；除了所用的解题思路和方法，还有没有别的思路和方法？哪种是最科学、最佳、最简便的解法？这些解法中都用了哪些方面的知识？这些知识用来解同一道题时有哪些区别与联系？将已知条件变成未知条件，或将未知条件变成已知条件，这道题还能引申出几道类似的题？

比如，有的力学题既可以用牛顿运动定律来解，又可用动能定律来解，还可用动量定律来解，通过一题多解，做一道题等于复习了三个定律，会取得事半功倍的效果。

2. 多题一解

很多题目表述方式虽然不一样，其实都属于同一类型，可以用同一种解法来解，这就是多题一解。这就要求我们在解题时，要善于比较、归类，摸清这类题需要掌握哪些基础知识，找出它们的共同处，总结出解这一类题型的方法和规律，以后再见到同类题时，就可以顺利地加以解答。

经过这样的归类训练，即使遇到综合题也可以将有关步骤演变为熟悉的题型，从而达到举一反三、触类旁通的效果。这也是把自己从“题海”中解放出来的一个好办法。

例如，证明数学恒等式的习惯，尽管数量繁多、千变万化，但基本的证明方法不外四种：有时由左边经过推导证明等于右边；有时由右边经过推导证明等于左边；有时左右两边分别推导等于第三式；有时却要把左边减去右边证明恒等于零。

3. 一题多用

就是把求得的结果，作为已知条件，把某个已知条件改为所求的问题，再分析解答。

4. 一题多变

把题目中的某个术语或重要语句换成其他的术语或语句，然后进行解答。

5. 一题多练

对一些较难的题目从多方面进行练习，如从画线段图、文字分析、列式解答、验算等多方面弄清道理。

总之，通过以上几种方法对题目进行综合性的练习，同学们可以从中检验自己对已学过的知识的理解与掌握，这比盲目地进行“题海战术”效果要好得多。

33 复习要善于总结

复习不是简单的重复学习，而是在整理出知识点后，把知识点连成线，再由知识线编织成知识网，将知识网按着其内在联系从纵横两个方面加以比较，形成对知识的融会贯通，最后构建出系统化、条理化的知识体系。

星光大道

佟浩功 | 考入北京大学数学科学学院

在校期间曾获得区级“优秀团员”等优秀称号，并获得2011届北京大学校长实名推荐资格

榜样之谈

佟浩功说：“我不是天才学生，接受知识的能力一般，但是我绝对是复习总结方面的优等生。进入高三复习阶段，我的优势就逐渐显现出来了，我的高考成绩也得益于此。”佟浩功每科都有一本厚厚的总结本。以化学为例，他按物质颜色归纳高中常见的物质，按物理性质归纳高中常见物质，按氧化性强弱或酸碱性强弱归纳高中常见物质，归纳所有“单质+化

合物=化合物+化合物”形式的化学反应，等等。其他类型的总结，他记录的还有很多。

高效学法

无独有偶，2011年北京市理科状元梁思齐也有这样一本厚厚的总结本。他说，自己高考能发挥得这么好，总结本有莫大的功劳。因此，他建议我们这样做总结：

1. 总结的东西必须能够上手即到

考场上现场组装知识是来不及的，因此我们要在平时总结出考场上能直接用的半成品。

2. 总结的过程必须亲自完成

市场上有不少参考资料，虽然不乏优秀的成分，但如果依赖这些来替代自己的总结，效果就会大打折扣。总结必须按照自己的思路走，它是我们对考题理解的体现。换句话说，总结不是创造，而是把你已经知道的东西梳理清楚。从这个角度说，自己的知识库只有自己最了解，自己的思维方式也只有自己最了解，只有自己总结的东西才最好使。

3. 总结不要只限于知识

很多同学以为只要把知识点分门别类地理清楚就可以了，其实梳理知识只是其中很小的一部分，更重要的是要总结方法思路，然后把方法与知识结合起来。

4. 不要急于总结

总结是建立在完整的知识框架上的，如果知识还没学完，怎么总结都是白费工夫。当然学习能力较强，成绩较突出的学生可以早早开始着手干，觉得自己一般的同学可以在学完知识后再做整体总结。

34 小书签有大用处

面对众多的复习内容时，有的同学就不知道从何下手了。看见别人复习数学，自己也拿出数学复习；看见别人背诵政治，自己也跟着背诵政治。“东一榔头西一棒槌”，搞了半天连自己也不知道记住了什么东西。

星光大道

夏弈聪 | 考入北京大学光华管理学院

自主招生过程中，获得北京大学30分降分资格

榜样之谈

刚开始复习的时候，我也产生过畏难情绪，不过，我后来找到了一种适合自己的复习方法，它让我重拾起复习的信心，而且它也让我了解了哪些知识是自己已经熟练掌握的，哪些还不是，这便于我集中精力打歼灭战，既节省了时间，又保证了复习的质量。

高效学法

原来，夏弈聪同学所用的复习方法是很多同学都还未尝试过的书签复

习法。对于如何运用书签来帮助复习，夏弈聪同学很有心得。她说：“在利用书签复习之前，我们需要事先准备好四个书签。”

第一个书签是“开路先锋”，进行第一遍复习时要认真地阅读课本，看完当页的所有内容后，总结出一个又一个的问题，将其写在当页最上面的空白处，然后根据这些问题，提问自己一遍（不要看书），能回答上来的，就算通过；回答不上来的，再回头认真阅读一遍，直至在不看书的情况下，可以用自己的语言完整、准确、流畅地说出来。

第二个书签的任务是复习前一天所学的东西（也就是第一个书签所“扫描”过的内容），从第二个书签开始复习时，一定要先看第一遍学习时所罗列出的问题，而不要直接看原文。对于所列的问题，必须进行尝试回忆，能完整、准确、顺畅回答出来的算通过；若不能，再去仔细看书，并在相应的问题上标明记号。

第三个书签离第二个书签使用的时间距离，要比第二个书签与第一个书签的时间间隔长些。第三个书签所复习的内容，应该是一个星期前所学习的内容。在使用第三个书签时，为了更好地吸收理解课本中的知识，我们可以采用编写提纲的方式来进行，如数学中解析几何部分的内容可整理为一、二、三、四。

第四个书签与第三个书签使用时间相隔得更远，它是复习和检查一个月前所学习的内容。一般来说，经过前面的学习与复习，对于课本中的绝大多数内容我们都已熟练无误地掌握了。如果此时还有不熟的地方，要注意查漏补缺，做上记号，抽时间将疑难解决掉。

如果你也存在着复习难题，不妨试试这种简单又有效的书签复习法吧！

[第六章]

充分掌握应试技巧

轻松在考试中获取高分

作为学生，考试是一件无法回避的事情。据观察，高考状元们在考场上总是有条不紊、不慌不忙，很少有考试发挥失常的现象。他们成功的秘诀就在于：拥有一些良好的考试习惯和应试技巧。所以，上考场之前，你不妨先问问自己：怎么掌握考试时间？如何安排答题顺序？审题有哪些常用方法？答题有哪些常用技巧？……这些都要做到胸有成竹。

35 快速答题的“四先四后”原则

考试是限时做题，一分一秒的时间都很宝贵，善于利用时间要比善于做题更重要。因此，在考场上，我们一定要合理利用时间，避免浪费。

星光大道

杜剑彤 | 考入北京大学

曾多次获得市级物理竞赛一等奖、全国中学生物理竞赛前三名

榜样之谈

2008年的理综考试试题出得偏难偏怪，有多处超纲的情况，命题思路也与平时上课所讲大相径庭。我遇到这样的试题时，多多少少有些慌乱，尤其是遇到拿不准的题目，而这是以前的统考、大考中从未出现的。我花了整整5分钟的时间稳定自己的情绪，回想着老师说过的话：在考场上啃得动的是骨头，啃不动的就是石头，有时要学会大胆舍弃，为自己会答的题目争取分数。我试着调整做题的顺序，做好“四先四后”，这为我的理综考试节省了不少时间，把能争取到的分数都顺利拿到了手。

高效学法

在答题过程中，为了更好地利用时间，杜剑彤同学建议大家从以下几个方面做起。

1. 先易后难

由于考试时间很紧，所以应把时间放在得分效益最大的地方，即所谓“好钢用在刀刃上”。这里的“刀刃”并不是指个别的难题，而是大量的普通题。因为普通题所花时间与所得分数之比是最大的。做完有充分把握得分的容易题，才能做难题，否则，做难题丢容易题的做法是很愚蠢的。

另外，先把容易的题目做出来，能使紧张的心情逐渐平静，这时再去想难题，会比较从容。如果一开始就去做自己不熟悉的难题，越做不出来心态越坏，时间也花得多，甚至导致本该做出的其他题也没时间去做了。

2. 先熟后生

看到比较陌生的题目时不要惊慌失措，要学会暗示自己“我难，你难，他也难，大家都难不算难，要镇定，不要紧张”，先做那些比较眼熟的题目，这样容易产生精神亢奋，会使人尽快进入状态，投入正常的考试心态中。

3. 先高后低

就是说，要优先处理高分题，特别是在考试后半段时间。首先，要注意解题的时间效益，两道都会做的题，应先做高分题，后做低分题，尽可能减少时间不够而失分的现象。其次，要注意前面低分题久攻不下，后面高分容易题无时间光顾这种现象发生。

4. 先同后异

就是说，考虑将同类型的题目集中处理，这些题目常常用到同样的数学思想和类似的思考方法，甚至同一数学公式，把它们合起来一起处理，思考比较集中，方法、知识网络也比较系统，有利于提高单位时间的效率。

考试时，同学们可以根据自己的情况，灵活运用“四先四后”，不必太拘泥死板。

36 从审题中挖隐含条件

审题是解题的第一个步骤，是解题中十分重要的环节，细致深入的审题是顺利解题的必要前提。有的同学题目都没有审好就匆忙动笔，最后导致一步错步步错，浪费了大量时间。

星光大道

赵靖康 | 考入北京大学光华管理学院

在校期间，先后荣获校“优秀学生”“优秀学生干部”“优秀团员标兵”“三好学生”等称号，曾获得物理竞赛区级三等奖

榜样之谈

从进入四中到离开四中，赵靖康一直担任班级物理学习委员。但是令人发笑的是赵靖康的弱科恰恰是物理。他说，老师让自己担任物理学习委员是以此表示激励。为了不让老师失望，赵靖康一有时间就钻研物理。他通过总结自己的错题，发现自己出错的主要原因是跟着题目走。所谓跟着题目走，就是只列出题目给出的条件就开始做，结果一做就错。他向老师总结了自己出错的原因后，老师就帮他总结了一套找全题目条件的方法，

同学们也可以参考一下。

高效学法

那么，我们该如何把题审好，准确地找出题目中的隐含条件呢？大家不妨从以下几点入手：

1. 隐藏在概念中的条件

物理概念是解题的依据之一，一般题目的不少条件都隐含在相关的概念中。因此可以从相关概念中去找寻隐含条件，并一一列出，寻求解题方法。

2. 隐藏在运动规律中的条件

确定物体的运动状态是解题的依据，而物体的运动状态往往受一些物理规律的约束。因此，我们可以运用物体在运动过程中所要遵循的物理规律来确定物体的运动状态这一隐含条件。

3. 画图找出隐含条件

正确的示意图不仅能帮助我们理解题意、启发思路，而且还能通过数学关系找出题中的隐含条件。这种方法不仅在几何光学中有较多的应用，而且在其他物理问题中也经常应用。

4. 从关键语句中寻找隐含条件

在物理题中，常见的关键用语有：表现为极值条件的用语，如“最大”“最小”“至少”“刚好”等，它们均隐含着某些物理量可取特殊值；表现为理想化模型的用语，如“理想变压器”“轻质杠杆”“光滑水平面”等，扣住关键用语挖掘隐含条件，能帮你迅速找到解题思路。

此外，有些题目中含有图形，解题的部分条件就隐含在图形中。综合题设条件分析图形，从图形中挖掘隐含条件，才能找出解题途径。

37 做好化学题要掌握“六区域”

对于化学，除了看书、看笔记、看做过的题外，总结也是非常重要的。因为化学涉及的内容很多，如各种金属、非金属、有机物等等，而且有关知识点相对散乱，所以对它们进行归类总结能帮助我们理清思路。

星光大道

林野 | 考入北京大学数学科学学院

曾获得北京市高一化学竞赛一等奖，获得北大自主招生加分30分，清华自主招生加分30分，连续三年被评为“校优秀学生”

榜样之谈

从小一直是优秀生的林野同学，在学习方面很有自己的一套方法。特别是在自己钟爱的化学方面，高三复习时林野还把高中的化学知识分化成“六个区域”。这样在复习的时候，就能按“区域”复习，大大减少了复习时间。

高效学法

具体来说，林野同学划分的化学“六大区域”主要是以下几个方面：

1. 基本概念“区域”

这一区域包括物质组成和分类版块，性质变版块，化学用语版块，分散系统版块，化学量版块五条知识版块。对这些基本知识必须认真细致、逐字逐句阅读其概念，掌握其实质和含义，学习时不要只局限于熟记，要善于抓住其中的关键“字”“词”，准确无误地去理解。如：催化剂概念的关键词为“能改变”“反应前后”“质量和化学性质”“不变”；质量守恒定律重点理解“参加反应”“质量总和”“相等”，抓住“三个守恒”（元素、原子、质量）。只有把课本读懂了，才能深刻理解，应用时做到挥洒自如。

2. 基础理论“区域”

这一区域包括结构理论（原子结构、分子及化学键理论、晶体结构理论）和元素周期律，周期表版块，电解质溶液（含氧化–还原理论）版块，化学反应速度和化学平衡理论版块。理论区域是化学的灵魂。

3. 元素及其化合物知识“区域”

这一区域是化学的基石，可划分为金属版块和非金属版块，统一在周期表版块中。

4. 有机物“区域”

这一区域的核心是烃及其衍生物版块，重点是结构和化学性质，而结构又是官能团和与官能团直接相关的化学键。

5. 计算“区域”

这一区域纵贯化学各部分，要掌握基本类型、解题规律和解题技巧。

6. 基本实验“区域”

这一区域充分体现了化学学科的特点。含仪器、设备、基本操作、鉴别（定）、提纯、定量实验、试剂存放、事故处理等。

把化学各种知识分成不同“区域”，但又交互成网，这样复习时就能按“区域”进行训练，适当选做一些练习题，特别是那些做错或不会做的题，认真分析一下，查漏补缺，会有很好的效果。

38 生物选择题失分的原因

北京四中副校长常菁通过对近年来理综试卷的调查，发现生物选择题的得分率普遍不高，出现这一情况的原因在哪里呢？

星光大道

贾弘洋 | 保送清华大学

榜样之谈

我发现理综生物选择题的信息来源特别广泛，题设障碍也很巧妙。有的题目解题条件隐蔽，有的故意设置迷惑条件。那么，在解题时，怎样才能避开无效信息的干扰，迅速切中题目的要害呢？如何才可以将题目中的相关信息与学科知识挂钩？最主要的是要学会避陷阱、破定势，要善于发散思维，从多角度思考问题。

高效学法

下面，我们再来看看生物选择题的两个常见失分原因：

1. 概念混淆

生物学的概念有重要的内涵和外延，不少概念之间还存在包含、对立、并列、因果关系等，理解这些概念之间的关系对解题有十分重要的作用。

例如：人类基因组计划要研究人类的24条染色体，这24条染色体属于人类的（　　）。

A．一个染色体组　B．基因库　C．单倍体　D．以上都不是

正确答案是D。

人的一个染色体组有23条染色体，人类基因库是指人类的全部基因总和，这两个概念很容易混淆。人类基因组计划研究的24条染色体属于人的单倍体基因组，但不是单倍体。

2. 思维定势

在遇到实际问题时要学会消除定势思维的影响，具体问题具体分析，灵活解题。

例如：牛胰岛素基因的编码序列共由306个碱基组成（不包含终止密码），由该基因控制合成的牛胰岛素由2条肽链组成，那么该胰岛素中至多含有多少种氨基酸？（　　）

A．20　B．49　C．51　D．153

正确答案是A。

题目似乎是考查基因碱基数与氨基酸数量关系，学生比较熟悉，因而有较强的思维定势。但实际上本题考查了组成蛋白质的氨基酸种类，共有20种。

以上就是生物选择题容易失分的常见原因，同学们一定要注意这些问题。

39 数学考试要处理好“三个关系”

四中的同学都知道，只要数学还说得过去，每个人高考都可以拿到140。也就是说，只有最后一道大题的最后一问可能做不出来。因此，他们要做的，就是如何把这140分稳稳地握在手中。

星光大道

王加梁 | 考入清华大学

获得清华自主招生40分加分，北大自主招生30分加分，曾获得全国中学生数理化学科能力竞赛（数学）二等奖

榜样之谈

有一段时间我做题的准确率下降得相当严重，比如选择第一题、填空第一题，脑子一蒙就莫名其妙地错了。这种情况，一方面使努力做题想要提高成绩的我很沮丧，另一方面也让我面对考试的时候心里很没底。结果，我陷入了越怕错得越多、错得越多越怕的恶性循环里。不过，后来我反过来分析：错得越多，就越能暴露出自己学习上的漏洞及易错点。这

不，我总结出了一大堆自己的错误，这样每犯一次错误，都会留下十分深刻的印象。关键是我在总结分析失误的原因时，还发现自己有10%的错误是属于考场失误，最终我摸索出了数学考试中的“三个关系”，这个发现让我兴奋了好久。从此，我的成绩就上来了。

高效学法

王加梁同学总结的在数学考试中的“三个关系”究竟是什么呢？下面，我们就一起来看看吧！

1. “会做”与“得分”的关系

在解数学题的过程中，要将解题策略转化为得分点，主要靠准确完整的数学语言表达，这一点往往被一些同学所忽视，因此卷面上大量出现“会而不对”“对而不全”的情况。如立体几何论证中的“跳步”，使很多人丢失1/3以上得分，代数论证中“以图代证”，尽管解题思路正确甚至很巧妙，但是由于不善于把“图形语言”准确地转译为“文字语言”，得分少得可怜。只有重视解题过程的语言表述，“会做”的题才能“得分”。

2. 快与准的关系

在目前题量大、时间紧的情况下，“准”字则尤为重要。只有“准”才能得分，只有“准”，你才可不必考虑再花时间检查，而“快”是平时训练的结果，不是考场上所能解决的问题，一味求快，只会落得错误百出。

3. 难题与容易题的关系

在答题时要合理安排时间，不要在某个卡住的题上打“持久战”，那样既耗费时间又拿不到分，而会做的题又被耽误了。这几年，数学试题已从“一题把关”转为“多题把关”，因此解答题都设置了层次分明的“台阶”，入口宽，入手易，但是深入难，解到底难，因此看似容易的题也会有“咬手”的关卡，看似难做的题也有可得分之处。所以考试中看到“容易”题不可掉以轻心，看到新面孔的“难”题不要胆怯，冷静思考，仔细分析，定能得到应有的分数。

可以说，这三个关系能否处理好，将直接决定高考时数学的成败。

40 积极自我暗示，防止临场恐惧

在考试时，开考前5分钟分发试卷是气氛最紧张的时刻。焦虑过度的同学经常出现临场恐惧，头脑里不由自主地产生很多不良的联想，这些不良的联想直接扰乱了大家的正常心态。当出现这种情况时，同学们可以把失败的想象转换成成功的情景，尽量排除环境对自己的干扰。总之，在考场上应该用成功的愉快场景来冲淡烦躁的情绪，用积极的自我暗示来降低焦虑。

星光大道

宫恩浩 | 保送清华大学

曾获得全国数理化学科能力竞赛数学一等奖，北京市高中数学知识应用竞赛一等奖，新加坡数学挑战赛优胜奖

榜样之谈

班主任给我们讲过这么一个故事：有两个人要考雅思，有一天，这两个人都背了1000个单词，但第二天一觉醒来，两个人都发现自己就记住1

个。其中一个人A忍不住埋怨起了自己："唉，我怎么这么笨呢！1000个单词，一天之后就剩下1个了。"而另一个人B却夸起了自己："哇！我怎么这么聪明！1000个单词，一天之后竟然还能剩下一个！"就这样，A在一天天的埋怨声中丧失了参加考试的勇气，而B则在一天天的良好自我暗示中得到了持久的动力，最后考了一个满意的高分。同样是1000个单词只记得一个，却有完全不同的结局。最后，班主任告诉我们，不仅要在平时学习中像B一样相信自己，更重要的是在考场上也要如此。

高效学法

那么，在考场上应该如何做到相信自己，保证答题的正确率呢？

1. 举棋不定时，相信第一印象

考试中常会遇到这样的情况：一题有两个答案，而自己又拿不定哪个是正确的。这时，首选应该是读题时最先想到的那个答案。第一印象往往是我们长期练习而产生的本能反应，选择它，正确率相应要大一些。

2. 注意前后关照

同一张试卷中总会有一些试题是能互相启发的，解答一道题时，可能会让你联想到其他试题的解法或答案。比如，英语考试中的完形填空题往往会出现这种情况。遇到这种情况时，你不要完全终止这道题的解答，而立即转向其他试题，可以先把考虑出来的内容要点记在草稿纸上。

3. 会做的题一定要保证做对

答题时，我们的目的就是要努力使自己的位置靠前，因此，我们必须首先保住现有位置，再进一步努力靠前。这时，最大的竞争对手就是同一水平的考生。所以在答题时，与你同一水平的考生能做对的题目（也就是你能做对的题目）一定要做对。否则，你就需要用比较难一点的题目弥补这一损失，这个代价是比较大的。

另外，高考一般规定可以提前10分钟入场，同学们可以利用提前入场这段时间先看看周围，熟悉一下考场内的环境，消除陌生感；再做几次深呼吸，尽快使自己的情绪稳定下来。这样就不必在考试的时间内去适应和稳定，等于把考试的时间巧妙地延长，有效地保证了答题时的良好心态。